CELLE

Jetzt Gratis-App downloaden

Für
Android
und
iPhone

MARCO POLO TOP-HIGHLIGHTS

CELLER SCHLOSS MIT RESIDENZMUSEUM ★1

Wo einst die Welfen ihr schillerndes Leben führten, tummeln sich heute die Besucher. Für eine Audienz beim Herzog bist du leider etwas zu spät, doch der Besuch lohnt sich trotzdem!

➤ S. 26

BOMANN-MUSEUM ★2

Wie lebten die Menschen in Celle und der Lüneburger Heide früher? Das Bomann-Museum gibt Antworten – seit über 100 Jahren. Viel Zeit einplanen!

➤ S. 27

KUNSTMUSEUM CELLE ★3

Ein Museum, in dem die Öffnungszeiten zweitrangig sind, denn zu sehen gibt's immer was – im und um das erste 24-Stunden-Kunstmuseum der Welt!

📷 *Tipp: Die neonbunt leuchtenden Fassaden sind eine Nachtaufnahme wert!*

➤ S. 29

HEILPFLANZENGARTEN ★4

Zwischen duftenden Heilkräutern dem Summen der Insekten lauschen und im Vorbeigehen alles Mögliche über die Heilkraft der Natur lernen: Der Heilpflanzengarten ist Lern- und Erholungsort in einem. Tief einatmen!

➤ S. 34

BIENENINSTITUT MIT BIENENGARTEN ★5

Wo Nachwuchsimker ausgebildet werden, wohnen Bienen – und die freuen sich über deinen Besuch! Beim Spaziergang durch den Bienengarten beobachtest du die fleißigen Tierchen aus nächster Nähe.

📷 *Tipp: Sind die Bienen zu schnell, ist deine Belichtungszeit zu lang. Sportmodus hilft!*

➤ S. 40

TAVERNA & TRATTORIA PALIO 6

Kennst du ein italienisches Lokal, kennst du alle? Das Restaurant Palio im Hotel Fürstenhof beweist dir das Gegenteil. Kulinarischer Hochgenuss und eine Offenbarung für Fans der modernen italienischen Küche.

➤ S. 53

ALTER PROVISOR 7

Allein für dieses Geschäft lohnt sich die Anfahrt nach Celle. Beim Alten Provisor shoppst du nicht nur wunderschöne Mitbringsel, sondern erfährst auch alles über die schier unendlichen Fähigkeiten des gleichnamigen Kräuterlikörs. Wohl bekomm's!

➤ S. 62

KLOSTER WIENHAUSEN 8

Alte Kunstschätze und der ausgemalte Nonnenchor sind der ganze Stolz der Konventualinnen im ehemaligen Zisterzienserkloster in Wienhausen. Wenn du mit Kunstgeschichte bisher wenig zu tun hattest, gibt's hier den Crashkurs.

Tipp: Am Parkeingang in die Hocke gehen und das Kloster aus der Froschperspektive fotografieren.

➤ S. 76

MUSEUMSHOF WINSEN 9

Das Leben in der kargen Lüneburger Heide war früher alles andere als leicht. Das Freilichtmuseum zeigt ein bäuerliches Gehöft aus dem 18./19. Jh. Scheune, Spinnrad, Wäscheschrank – die Gebäude und Exponate wurden über Jahrzehnte zusammengetragen und liebevoll restauriert.

➤ S. 79

OLE MÜLLERN SCHÜN 10

Nach einer Wanderung im Naturpark Südheide tut nichts so gut wie ein leckeres Stück Torte. In Müden (Örtze) gibt's die beste weit und breit.

Tipp: Ein Ort wie eine Postkarte – in Müden solltest du Zeit für Fotos einplanen!

➤ S. 86

INHALT

⏲	Besuch planen	☂	Bei Regen
€–€€€	Preiskategorien	🐷	Low-Budget
(*)	Kostenpflichtige Telefonnummer	👧	Mit Kindern
		⚑	Typisch

(🗺 A2) Herausnehmbare Faltkarte
(0) Außerhalb des Faltkartenausschnitts

DAS BESTE ZUERST

Shoppen, genießen, schauen in Celles historischer Altstadt

Pilzergasse

BEST OF

BEI REGEN

SCHÖN, AUCH WENN ES REGNET

GESCHICHTE LIVE UND IN FARBE
Kunstmuffel hin oder her: Das *Bomann-Museum* für Kulturgeschichte begeistert seine Besucher stets mit unterschiedlichen thematischen Ausstellungsbereichen rund um die Stadtgeschichte Celles und Umgebung sowie spannenden Sonderausstellungen.
➤ S. 27

WOHNEN IM BAUHAUSSTIL
Eine voll eingerichtete Arbeiter-Bauhaus-Wohnung, eine Arbeiterwohnung im Einrichtungsstand der 50er-Jahre und weitere Originale im Bauhaus-Stil im *Otto-Haesler-Museum* bieten Schutz vor dem Regenguss.
➤ S. 43

STRIKE!
Wer behauptet, dass das A und O beim Bowling die richtige Körperhaltung sei, war noch nie bei *Pinguin Bowling & Bar*™. Denn hier gewinnt, wer den meisten Spaß hat! An Schlechtwettertagen lohnt es sich, im Vorhinein eine Bahn zu reservieren.
➤ S. 93

RUHE VOR DEM STURM …
… hast du bei einem entspannten Wellnesstag im alteingesessenen *Hotel Celler Tor*. Die großzügige Saunalandschaft (Foto) sowie gleich zwei Pools sorgen für ein 1-a-Urlaubsfeeling – auch (und vor allem) bei Regen. Auf die Plätze, fertig, Erholung!
➤ S. 93

ARSCHBOMBE
Wenn das Wasser von oben kommt, ist es manchmal sinnvoll, sich anzupassen. Im *Celler Badeland* planschen Groß und Klein in verschiedenen Becken um die Wette und lassen es sich im Sauna- und Wellnessbereich gut gehen. Raus aus der Regenjacke, rein ins Vergnügen!
➤ S. 93

BEST OF LOW-BUDGET

FÜR DEN KLEINEN GELDBEUTEL

KULTUR MAL DREI

Einmal zahlen, dreimal Museum: Die „Big Three" der Celler Kulturlandschaft – das *Residenzmuseum* im Schloss, das *Bomann-Museum* und das *Kunstmuseum* – bieten Kombitickets an, mit denen du zum kleinen Preis sehr lange beschäftigt bist.

➤ S. 26–30

WOHLBEFINDEN ATMEN

Süße, wohlbekannte Düfte aus einem Meer von Grünanlagen, Heilpflanzen und Hommagen an die größten Heiler ihrer Zeit. Hildegard von Bingen und Sebastian Kneipp wären wohl gerne selbst durch den *Heilpflanzengarten* geschlendert.

➤ S. 34

SCHLOSSIDYLLE

Flanieren wie einst der Celler Adel: Der malerische *Schlosspark* mit Blick auf das Residenzschloss Celle ist kostenlos zugänglich und du fühlst dich gleich königlich. Nimm dein Picknick mit, aber komme nicht auf die Idee, die Nutrias zu füttern.

➤ S. 27

SUMM, SUMM, SUMM

Kennst du dich gut mit den Tierchen aus, die unser Ökosystem am Laufen halten? Nach einem Besuch des *Bieneninstituts* ist die Frage leicht zu beantworten. Lerne die Bienen, ihre Lebensweise und ökologische Relevanz besser kennen. Vielleicht wird aus dir sogar der nächste Hobbyimker?

➤ S. 40

SICH TREIBEN LASSEN

Manchmal muss es gar nicht ausgefallen sein: Die Innenstadt ist reich an Sehenswertem! Wer genau hinhört, kann die alten Fachwerkhäuser (Foto) in der Altstadt beim Geschichtenerzählen belauschen … Oder sind das etwa sprechende Laternen?

➤ S. 32

BEST OF
MIT KINDERN

SPANNENDES FÜR GROSS & KLEIN

DREI, ZWEI, EINS, LOS ...
Du willst schnell fahren, einmal um die Welt fahren: Die *Burnout Celler Kartbahn* (Foto) kitzelt aus dir das nötige Adrenalin, um die letzten Zehntel aus der Strecke zu holen. Nur wer sich ordentlich in die Kurven legt, kommt als Erster ins Ziel. Nix für Angsthasen und Sonntagsfahrer!
➤ S. 93

MITMACHEN! MITSPIELEN!
Das *Junge Schlosstheater* bietet Vorstellungen für die Kleinsten ab vier Jahren, inkl. der Möglichkeit, selbst die große Bühne zu erobern. Keine falsche Scheu – immer rauf auf die Bretter, die die Welt bedeuten!
➤ S. 71

AHOI MATROSE
Ob Kajak, Ruderboot oder Kanu: Mit dem beim Bootsverleih *AllerLeih* ausgeliehenen Bötchen wird die Aller zur viel befahrenen Seefahrtsroute. Ohne Motorkraft ist Muskelkater garantiert!
➤ S. 92

DEM ADEL AUF AUGENHÖHE BEGEGNEN
Wie lebten der Herzog und sein Hofstaat? Wieso hat man sich nicht gewaschen? War da gerade etwa ein Floh?! Gemeinsam mit Kammerfrau Juliette erkundet der kleine Adel bei einer interaktiven Führung das *Residenzmuseum im Celler Schloss*.
➤ S. 26

DER CITYROLLER
Eingestiegen und los geht die Fahrt. Mit *Müllers City Express-Bähnchen* fährst du durch die Innenstadt und vorbei an den Parks und Gärten der Stadt. Die Tour startet täglich an der Schlossbrücke *(b1)* von Mai bis Oktober jeweils zur vollen Stunde *(10–17 Uhr)*. Sightseeing mal anders! Infos findest du unter *muebus.de*, Rubrik Infos

BEST OF

TYPISCH

DAS ERLEBST DU NUR HIER

SHOPPING IN DER GANZEN CITY

Bunt, frisch und lecker sind Obst, Gemüse und Co. auf dem *Celler Wochenmarkt*. Im schönen Altstadt-Ambiente mit Blick auf ein Meer an Fachwerkhäusern schmeckt alles direkt viel besser. Ein leckeres Stück Käse für zu Hause verlängert den Urlaub!

➤ S. 59

ALLHEILMITTEL

Historisches Gemäuer gefüllt mit traditionsreichem Wundermittel. Der *Alte Provisor* gehört zu Celle wie die Faust aufs Auge. Der aromatische Kräuterlikör schmeckt als Aperitif, Absacker oder einfach zwischendurch. Auch der Laden um den Likör herum ist sehenswert.

➤ S. 62

SO SCHMECKT CELLE!

Achtung Zwiebelalarm – aber Celle erlebt hat nur, wer die *Celler Rohen Rouladen* (Foto) probiert hat! In den urigen Wirtshäusern fehlt der Gaumenschmaus auf nahezu keiner Karte. Also halte deine Augen und Ohren offen und finde das beste Rezept.

➤ S. 52

OPEN AIR

Hochklassiges Theater in atemberaubender Atmosphäre gibt's im Innenhof des Celler Residenzschlosses beim jährlichen *Sommertheater*. Erlebe deinen eigenen Sommernachtstraum im historischen Ambiente.

➤ S. 71

AUF DEM RÜCKEN DER PFERDE …

… liegt das Glück dieser Erde. Das wusste wohl bereits Georg II., der das *Landgestüt Celle* gründete und diesem zu seinem einzigartigen Ruf im Bereich der Pferdezucht verhalf. Für Pferdefans ist der Besuch auf dem Gestüt ein absolutes Muss.

➤ S. 43

SO TICKT CELLE

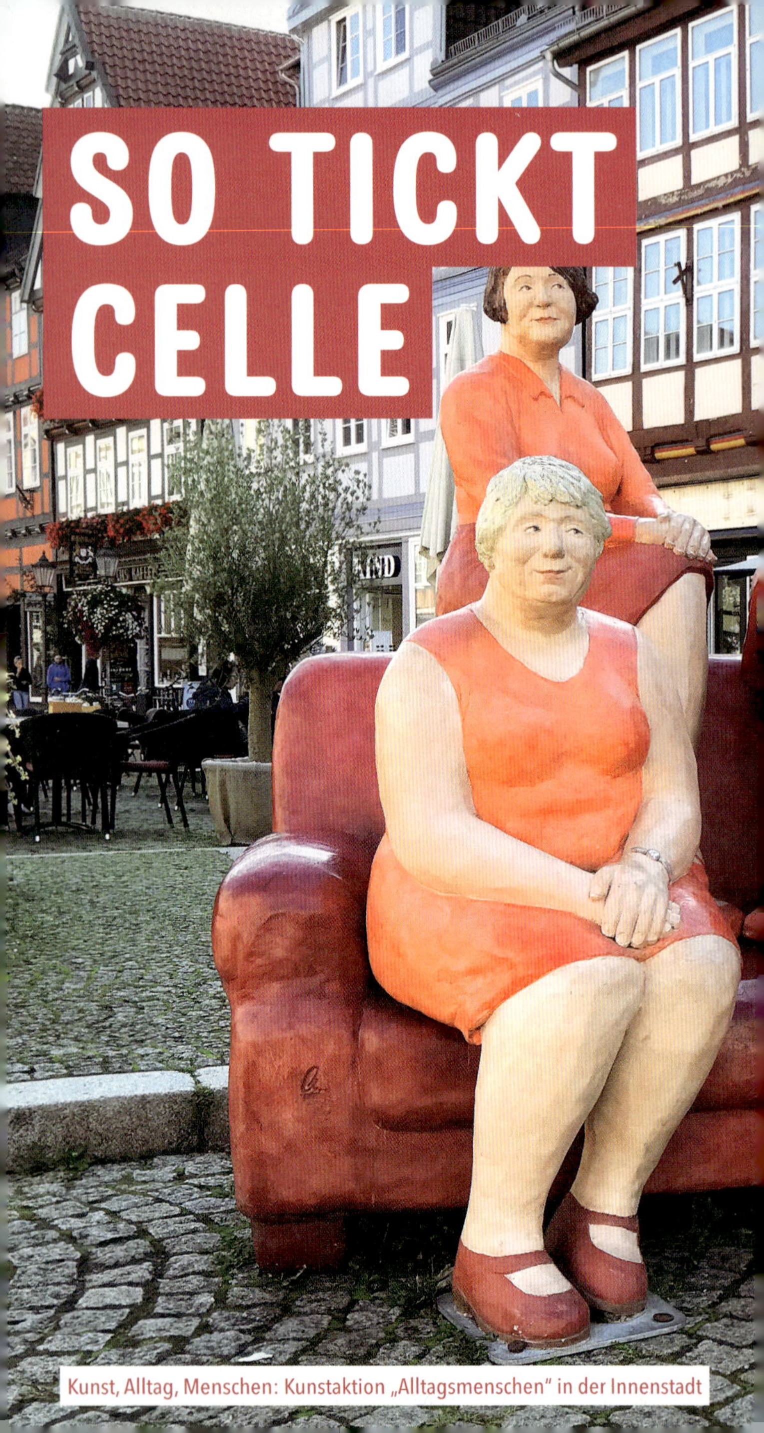

Kunst, Alltag, Menschen: Kunstaktion „Alltagsmenschen" in der Innenstadt

BOUTIQUE

ENTDECKE CELLE

Coffee to sit vor historischer Kulisse

„Willkommen in der Stadt der kurzen Wege" – Celle hält, was der Tourismusauftritt der Stadt im Internet verspricht: Sich hier zu verlaufen, ist zwar nicht unmöglich, aber einigermaßen schwierig. Celle ist eine Stadt, die du dir in wenigen Tagen gut erschließen kannst. Perfekt für ein verlängertes Wochenende, einen „Stopover" auf dem Weg in den Norden oder auch für einen längeren Urlaub – Celle gilt als das südliche Tor zur Lüneburger Heide!

WO ANFANGEN?

Wenn du noch nie hier warst, führt einer deiner ersten Wege zum berühmtesten Gebäude der Stadt: Strahlend weiß und umgeben von einem opulenten Park

986 Erwähnung des Ortes „Kellu" (heute Altencelle)

1292 Gründung der Stadt „Tsellis" durch Herzog Otto den Strengen

1378 Celle wird Residenzstadt

1524 „Ernst der Bekenner" bringt die Reformation nach Celle

1674 Eröffnung des Schlosstheaters

1772 Caroline Mathilde, die Königin von Dänemark, kommt nach Celle ins Exil

thront das Celler Schloss mitten in der Innenstadt. Unbedingt besichtigen! Einmal die Straße überqueren und schon bist du mitten in der Innenstadt und entdeckst Celles besonderen Stolz: bunte und prächtige Fachwerkhäuser, so weit das Auge reicht. Mit fast 500 Fachwerkhäusern zählt die Celler Altstadt zu den dichtesten geschlossenen Fachwerkensembles der Welt. Die Häuser, die größtenteils im 16. und 17. Jh. gebaut wurden, sind teilweise sehr aufwendig restauriert und beherbergen Cafés, Ladengeschäfte und Restaurants – manche sind sogar bewohnt. Auf der Stechbahn, dem ehemaligen Turnierplatz, bietet sich der beste Rundumblick in der Innenstadt. Zeit für ein Eis! Wenn du dich für Stadt- und Regionalgeschichte interessierst und Celle und die Lüneburger Heide besser kennenlernen willst, kommst du am Bomann-Museum nicht vorbei. Aber Vorsicht: Ein Nachmittag ist hier im Nullkommanichts vorbei und wahrscheinlich hast du nicht alles gesehen. Dabei gibt es noch einiges mehr zu tun und zu erleben: Shopping in Celle ist eine Wohltat für die Seele, denn hier geht's gemütlich, aber alles andere als langweilig zu. In der Altstadt warten alteingesessene Einzelhändler sowie große Marken auf deinen Besuch, mittwochs und samstags triffst du die Celler auf dem Markt.
Am Ende des Tages hast du die Wahl: ganz klassisch auf eine Celler Rohe Roulade in eines der urigen Lokale der Stadt oder schick italienisch essen im ersten Haus am Platz? Ein Absacker danach sollte jedenfalls noch drin sein: Der *Alte Provisor* ist Kult in Celle!

1786 Albrecht Thaer gründet die Landwirtschaftliche Versuchsanstalt

1892 Gründung des Bomann-Museums

1928 Die Altstädter Schule (Glasschule) wird gebaut

1945 Beim „Massaker von Celle" sterben Hunderte NS-Verfolgte

1978 Sprengstoffanschlag auf die JVA („Celler Loch")

2017 Celle wird „Reformationsstadt Europas"

RAUS AUFS LAND: DIE SÜDHEIDE

Celle gilt als das südliche Tor zur Lüneburger Heide. Während viele mit der Region vor allem die nördlichen Gefilde rum um Lüneburg bis zum Heidepark Soltau verbinden, ist die Südheide ein echter Geheimtipp! Vom klassischen Heideerlebnis über Freilichtmuseen und Klöster, Radtouren an der Aller bis zur Kanutour für Ambitionierte wird hier alles geboten.

WARUM IN DIE FERNE SCHWEIFEN?

Tatsächlich befinden sich die südlichsten Ausläufer der Heide nur eine kurze Autofahrt von Celle entfernt. Rund um Müden (Örtze) kannst du locker einige Tage verbringen. Auf dem Programm: Spaziergänge über endlos weite (und mit etwas Glück lila blühende) Heideflächen, Tier- und Tortenbegegnungen, Kunst und Kieselgur. Der Naturpark Südheide hat einiges zu bieten und nebenbei lernst du auch etwas: Wie ist die Heide eigentlich entstanden? Was fressen Heidschnucken im Winter? Und was zum Teufel ist diese Kieselgur?! Wer mutig ist, wagt sich auf den 223 km langen Heidschnuckenweg – er gilt als einer der schönsten Wanderwege Deutschlands und führt von Celle nach Hamburg (oder umgekehrt). Alternativ servieren dir die Heideschleifen die schönsten Ecken häppchenweise auf dem Silbertablett. Gute Schuhe gehören auf jeden Fall ins Gepäck!

VON CELLE NACH „KLEIN-TEXAS“

Nordwestlich von Celle gehst du auf Zeitreise: Auf dem Winser Museumshof erlebst du das bäuerliche Leben in der Heide des 18./19. Jhs., in Wietze begibst du dich auf die Spuren der Erdölindustrie und auf dem Gelände des ehemaligen KZ Bergen-Belsen erkundest du ein dunkles Kapitel deutscher Geschichte. Ein Spaziergang um die Meißendorfer Teiche pustet den Kopf wieder frei und ist ein Erlebnis für Vogelfreunde und alle, die es werden wollen. Wie wäre es mit einer Erlebnistour per Fahrrad ➤ S. 105? Der Aller-Radweg ist wie geschaffen für Urlaubs- und Schönwetterradler: kaum Steigungen, verlässliche Markierungen und viele kleine Highlights, die zu einem Päuschen einladen.

WO KELLU CELLE WURDE

Die Wiege Celles befindet sich wenige Kilometer südlich des heutigen Stadtzentrums in Altencelle. Schon im 10. Jh. wurde hier ein Ort namens Kellu (später: „Tsellis“) erwähnt, den man im 13. Jh. – wohl aufgrund der morastigen Bodenbeschaffenheit – weiter in den Norden verlegte. Die Ursprünge der Stadt kannst du heute besichtigen, ein Rundwanderweg führt dich durch die über 1000-jährige Geschichte Altencelles. Von hier aus ist es nur ein Katzensprung nach Wienhausen: In dem romantischen Fachwerkort scheint die Zeit stehen geblieben zu sein, so hübsch und ruhig ist es hier. Viel los ist im ehemaligen Zisterzienserinnenkloster, in dem wertvolle Kunstschätze bewahrt und gezeigt werden.

AUF EINEN BLICK

CA. 70.000
Einwohner

leben in Celle.
Durchschnittsalter: 43 Jahre

RUND 480
restaurierte Fachwerkhäuser

prägen das einmalige Stadtbild von Celle

50 PROZENT
Alkohol

hat der kultige *Alte Provisor*.
Kein Leichtgewicht!

24 STUNDEN
Kunst im und am Kunstmuseum

Am Tag von innen,
nachts von außen!

CIRCA
30 HERZÖGE

regierten in Celle (je nach Zählart)

STOLZE
80 HENGSTE

leben auf dem Landgestüt Celle

ÜBER
9.000

Heidschnucken ziehen durch die Lüneburger Heide

IM 18. JAHRHUNDERT

Errichtung des ältesten denkmalgeschützten Klos Deutschlands

3 FLÜSSE

fließen durch Celle – Aller, Fuhse und Lachte

CA. 480 KM²
groß ist der Naturpark Südheide

FÜNFZIG

BESONDERE BAUMARTEN IM CELLER SCHLOSSPARK

CELLE VERSTEHEN

MIT DEN WELFEN AUF DU UND DU

Der deutsche Adel kann ganz schön verwirrend sein und auch in Celle war im Laufe der Jahrhunderte einiges los: 1378 verlegten die Welfenherzöge von Braunschweig-Lüneburg ihre Residenz von Lüneburg nach Celle und ersetzten die alte Burganlage durch einen prächtigen Renaissancebau, das Celler Schloss. Sein barockes Aussehen erhielt es erst im 17. Jh., als der italophile Herzog Georg Wilhelm Hand anlegte bzw. anlegen ließ. Neben majestätischen Staatsgemächern gönnte er sich ein schickes Schlosstheater – bis heute befindet sich hier die wichtigste Bühne der Stadt. Sehenswert ist auch die opulent gestaltete Schlosskapelle, die nur im Rahmen einer Führung besichtigt werden kann. Sie wurde 1485 erbaut und von Herzog Wilhelm dem Jüngeren um 1570 neu (frühprotestantisch!) ausgestattet. Wilhelms Vater Ernst I. („der Bekenner") hatte 1524 die Reformation nach Celle gebracht – Celle war die erste Stadt nach Wittenberg, die sich vollständig der Reformation anschloss. Im Residenzmuseum erfährst du alles, was du rund um das Schloss und seine Bewohner wissen musst. Hier lernst du auch, was es mit dem Brauttausch der Welfenherzöge auf sich hatte und wer am Ende mit wem liiert war… Gut aufpassen, sonst verlierst du den Faden! Georg Wilhelm wird dir in Celle übrigens öfter begegnen: Er war es, der den späteren Hofbankier Francesco Maria Capellini, genannt *Stechinelli* (= das Zahnstöcherlein), nach Celle brachte ➤ S. 32 und der entgegen seinem Eheverzichtsversprechen die Hugenottin Eléonore d'Olbreuse heiratete. Mit ihr zogen Esprit und Savoir-vivre in das bürgerliche Celle ein, während Eléonore sich mit dem Französischen Garten ein Stückchen Heimat in der Fremde schuf. Eine Win-win-Situation!

FARBE, FLÖTE, KNÄCKEBROT: MADE IN CELLE

1802 gründete Albrecht Thaer in den Dammaschwiesen (heute: Thaers Garten) das erste deutsche Landwirtschaftliche Lehrinstitut. Seine revolutionären Methoden wurden zum Exportkracher und machten Thaer zum „Begründer der modernen Landwirtschaft". Seitdem hat sich einiges getan in Sachen „made in Celle". Das berühmteste Beispiel: Der von Wilhelm Berkefeld 1891 erfundene Wasserfilter half damals bei der Bekämpfung der Cholera. Heute produziert das Unternehmen Hightechanlagen zur Wasseraufbereitung, doch der Berkefeld-Filter (funktioniert übrigens mit Kieselgur! ➤ S. 87) hat nach wie vor einen festen Platz in der internationalen Katastrophenhilfe. Wasa backt Zwieback und Knäckebrot, während die Firma Moeck die Verantwortung für Millionen genervte Eltern trägt – hier werden Blockflöten hergestellt. Von 1817 bis 2015 versorgte Hostmann-Steinberg nicht nur Deutsch-

Das Celler Schloss in der Hand: der Welfe Otto II. der Strenge am Bomann-Museum

land, sondern auch die Welt mit Druckfarben. Mittlerweile ist das Unternehmen Teil der international tätigen hubergroup. Und auch wenn in und um Celle heute kein Erdöl mehr gefördert wird, sind die Erdöl-, Erdgasbohr- und -serviceindustrie sowie die Geothermiebranche in der Region präsent. Internationale Konzerne wie Baker Hughes oder Cameron/One-Subsea haben hier ihren Betriebssitz, der Verein GeoEnergy Celle e.V. bündelt über 50 Unternehmen und Institutionen. Auch wer das Bohren lernen will, kommt nach Celle: Bis heute bildet die Bohrmeisterschule Celle Fachkräfte der Erdöl- und Erdgasindustrie aus. Einen Überblick über lokale Unternehmen, die es zu Weltruhm brachten, und jede Menge Produkte „made in Celle" zeigt das Bomann-Museum ➤ S. 27.

SCHÖNER WOHNEN FÜR ALLE

Berühmt ist Celle für altes Fachwerk – aber auch beim Thema *Bauhaus* und *Neues Bauen* spielt Celle in der ersten Liga! Wenn du dich für Architektur interessierst, hast du den Namen Otto Haesler vielleicht schon gehört, in Celle kommst du nicht an ihm vorbei. Otto Haesler (1880–1962) war Baumeister und Siedlungsarchitekt und zählt zu den Pionieren des Neuen Bauens. Neben fantastischen Einzelobjekten, wie der Direktorenvilla ➤ S. 37, baute er nach dem Ersten Weltkrieg hauptsächlich Siedlungen:

In Celle in den 1920er-Jahren die Siedlung *Italienischer Garten* als erste farbige Siedlung des Neuen Bauens, die Siedlung *Georgsgarten* (erster Zeilenbau der Weimarer Republik) und 1930/31 die Siedlung *Blumläger Feld* mit Wohnungen für Menschen am Existenzminimum. Einen Platz im Olymp der Bauhaus-Architekten sicherte ihm die „Glasschule" (Altstädter Schule) 1928. Diese war so revolutionär (hell und funktional!) gestaltet, dass sie Architekten, Politiker und Schulfachleute in Scharen anzog, was einen normalen Schulbetrieb fast unmöglich machte. Kurz darauf bot man Haesler den Direktorenposten des Bauhauses Dessau an, den er aber ablehnte – in Celle fühlte er sich wohl. Das änderte sich 1934: Nachdem Haesler von den Nationalsozialisten immer wieder heftig angegriffen worden war, verließ er die Stadt. Während des Zweiten Weltkriegs arbeitete er dann doch für die Nazis, bekleidete hohe Ämter und wurde später Professor für sozialen Wohnungsbau in der DDR. Er starb 1962, passenderweise auf einer Baustelle. Seine in Celle entstandenen Bauten und Siedlungen werden bis heute fast alle in ihrer ursprünglichen Funktion genutzt. Anlässlich der *Grand Tour der Moderne* (100 Jahre Bauhaus) wurde Haeslers Erbe wiederentdeckt und zugänglich gemacht. Die *otto haesler-Tour* führt dich auf einem ca. 4,5 langen Rundkurs von der Direktorenvilla über die Siedlung Italienischer Garten zum Otto-Haesler-Museum und zur Altstädter Schule.

Neues Bauen vom Feinsten: das Rektorenwohnhaus

NICHT NUR SONNENSCHEIN

Wie die meisten mittelgroßen deutschen Städte bekleckerte sich auch Celle während der NS-Zeit nicht gerade mit Ruhm. Die Garnisons- und Juristenstadt profitierte von neuen Verwaltungs- und Industriestrukturen sowie der Errichtung wichtiger NS-Institutionen wie dem *Erbgesundheitsobergericht*. Erlässe zur Judenverfolgung wurden eifrig umgesetzt und dass die städtische Synagoge während der Novemberpogrome 1938 nicht komplett zerstört wurde, ist der Angst um die sie umgebenden Fachwerkhäuser zu verdanken. Seinen traurigen Höhepunkt erreichte dieses zeitgeschichtlich dunkle Kapitel am 8. April 1945: Wenige Tage vor Kriegsende bombardierten alliierte Streitkräfte einen Deportationszug am Celler Güterbahnhof mit Tausenden Häftlingen. Viele starben, mehrere Hundert (genaue Zahlen sind unbekannt) entkamen aber und tauchten kurz darauf im Stadtgebiet auf. Die Jagd auf die Überlebenden, an der sich auch zahlreiche Zivilisten beteiligten, wurde als das „Massaker von Celle" oder – zynisch ausgedrückt – „Celler Hasenjagd" bekannt. Die Aufarbeitung der NS-Zeit ist den Cellern heute ein großes Anliegen. Mittlerweile leben in Celle Menschen aus mehr als 110 Nationen und die 1997 neu gegründete Jüdische Gemeinde hat einen festen Platz im Stadtleben. Stadt und Region profitieren von der kulturellen Vielfalt: Kunst, Kulinarik, Musikfestivals, Jugendinitiativen – Celle ist bunt und vielfältig und zeigt das gerne den Besuchern aus aller Welt.

KLISCHEE KISTE

UNI ODER ZUCHTHAUS?

Wollten die Celler lieber ein Gefängnis als eine Universität? Hartnäckig hält sich die Anekdote, die Celler hätten sich ausdrücklich für Ersteres entschieden, um die Unschuld ihrer Töchter zu schützen. Auch wenn es den ordentlichen Cellern durchaus zuzutrauen wäre – viel dran ist an der Geschichte nicht. Als Ersatz für den Verlust des Status als Residenzstadt zu Beginn des 18. Jhs. erhielt Celle drei Verwaltungseinrichtungen: Zuchthaus, Oberappellationsgericht und Landgestüt. Damit begann die Entwicklung zur Beamten- und Juristenstadt; diesem Ruf wird Celle bis heute gerecht. Eine Uni stand damals wohl gar nicht zur Debatte. Eigentlich schade für die Celler – die meisten Jugendlichen verlassen nach dem Abitur die Stadt und kommen erst wieder, wenn Großstadtpreise die Lebensplanung bedrohen. Für Familien ist Celle ein Traum! Das „Zuchthaus" sorgte übrigens 1978 für Schlagzeilen, als ein Sprengstoffanschlag an der Außenmauer der Justizvollzugsanstalt verübt wurde. Strippenzieher des als *Celler Loch* bekannt gewordenen Events war der niedersächsische Verfassungsschutz, der den Anschlag der RAF anhängen wollte. Das „Loch" ist heute am Eingang der JVA ausgestellt.

SIGHT SEEING

Viel sehen, ohne weite Strecken zurückzulegen: In Celle liegt ein Highlight neben dem anderen! Zeit solltest du trotzdem mitbringen …

Vom Celler Schloss, wo prunkvolle Räume aus dem Leben der Welfenherzöge erzählen, ist es nur ein Katzensprung zum Bomann-Museum, wo du tief in die Geschichte von Stadt und Region eintauchst. Von hier geht es weiter – entweder zum ersten 24-Stunden-Kunstmuseum Deutschlands oder direkt in die Altstadt: Fast 500 Fachwerkhäuser bilden die perfekte Kulisse für einen Rundgang, bei

Das Celler Schloss – einst herzoglicher Wohnsitz, heute Museum

dem dir sprechende Laternen und ein Mann mit sehr dünnen Beinen begegnen. Ein Zeitsprung und ein kurzer Fußmarsch durch den Französischen Garten katapultieren dich aus dem Mittelalter ins 20. Jh.: An gleich mehreren Orten wandelst du auf den Spuren des Bauhaus-Architekten Otto Haesler. Ein Muss für Architektur- und Designfans! Tiere und Pflanzen sind eher dein Ding? Im Bieneninstitut wird unter fröhlichem Summen gearbeitet und der Heilpflanzengarten Celle ist einer der größten seiner Art in Europa – wie gesagt: Du solltest Zeit mitbringen!

DIE STADTVIERTEL IM ÜBERBLICK

MARCO POLO HIGHLIGHTS

★ CELLER SCHLOSS MIT RESIDENZMUSEUM
Ganz schön feudal wohnten die Welfenherzöge in Celle. Im Celler Schloss wandelst du auf ihren Spuren ➤ S. 26

★ BOMANN-MUSEUM
Wieso, weshalb, warum und wann? Alles, was du zur Celler Stadtgeschichte wissen musst, erfährst du hier! ➤ S. 27

★ KUNSTMUSEUM CELLE MIT SAMMLUNG ROBERT SIMON
Moderne Kunst für alle und zu jeder Tages- und Nachtzeit – das gibt es nur in Celle! ➤ S. 29

★ HEILPFLANZENGARTEN CELLE
Welche Pflanze für welches Wehwehchen? Neben Heilkräutern gibt es hier Gift- und Zauberpflanzen… ➤ S. 34

★ BIENENINSTITUT MIT BIENENGARTEN
Imkern (und Bienen) bei der Arbeit zusehen und ganz nebenbei zum Bienenprofi werden ➤ S. 40

★ OTTO-HAESLER-MUSEUM
Wie lebten Arbeiterfamilien in Celle im frühen 20. Jh.? Mit etwas Glück in Haeslers moderner Wohnanlage.
➤ S. 43

HEHLENTOR
DER NORDEN S. 34
Grün und entspannt: Nördlich der Aller geht's gemütlich zu!
Heilpflanzengarten Celle
Bieneninstitut mit Bienengarten
BLUMLAGE/ ALTSTADT
DER SÜDEN S. 37
Das Eldorado für Bauhaus-Fans (und alle, die es werden wollen)
Otto-Haesler-Museum
Gartenweg
Braunhirschstraße
Lüneburger Straße
Hartzerstr.
Rauhe Straße
Berggartenstraße
Halkettstraße
Otto-Palm-Straße
Prinzengarten
Altenhäger Kirchweg
A.-Schweitzer-Str.
Schlepegrellstraße
Spangenbergstraße
Clemens-Cassel-Straße
Robert-Koch-Str.
Wittinger Straße
An Hang
Aller
Nordwall
Schuhstraße
Neue Straße
Zöllnerstraße
A. Heiligen Kreuz
Mauern- straße
Piltzergasse
Kleiner Plan
Bergstraße
Steintor
Philipp-Simon-Dawosky-Allee
Im Kreise
Wehlstr.
Südwall
Herzog-Ernst-Ring
Sankt-Georg-Straße
Herzogin-Eleonore-Allee
Französischer Garten
Italienischer Garten
Blumlage
Maulbeerallee
Am Französischen Garten
Stadtpark
Blumjäger Kirchweg
Jänickestraße
Mestwartstraße
Wehlstraße
77er Straße
Birnenweg
Sankt-Georg-Garten
Burgstraße
Braunschweiger Heerstr.
Fuhse
Im Werder

ALTSTADT

Während du staunend durch die Gassen der Altstadt wandelst, kannst du den Blick kaum von den kunstvoll verzierten Fachwerkfassaden wenden: Hier gleicht kein Haus dem anderen!

Der Kern des Celler Fachwerks stammt aus der Zeit von ca. 1500 bis 1800. Heute sind die Fachwerkhäuser teils aufwendig restauriert und stehen unter Denkmalschutz. Ab und zu solltest du aber auch nach unten schauen, denn das Kopfsteinpflaster unter deinen Füßen hat es in sich, die Straßen sind verwinkelt und krümmen sich manchmal unvorhersehbar. Die Celler Altstadt wurde nach einer strengen Dreiteilung und einem mittelalterlichen Idealstadtgrundriss angelegt und ist im Laufe von 600 Jahren weiter gewachsen. Die anfängliche Burg verwandelte sich über die Jahrhunderte in ein prächtiges Schloss. Der „öffentliche Bereich" mit Turnierplatz, der Stechbahn, dem Markt und der Kirche St. Marien ist so erhalten geblieben – hier finden der Wochenmarkt, Stadtfeste und auch der Celler Weihnachtsmarkt statt. An den „öffentlichen Bereich" schloss sich die „Bürgerstadt" an, die heutige Altstadt mit einmalig vielen originalen Straßen, Plätzen, Bauten und Details.

WOHIN ZUERST?

Mitten hinein ins Geschehen! Ein kurzer Spaziergang durch die Altstadt führt dich zum **Celler Schloss** *(□ b2)*. Eine einstündige Führung später hast du ein erstes Gefühl für die Stadtgeschichte Celles entwickelt. Zur Vertiefung geht's ins Bomann-Museum oder zu den vielen Highlights in der Altstadt – hier erzählt fast jedes Haus eine andere Geschichte!

1 CELLER SCHLOSS MIT RESIDENZMUSEUM ★

Das Celler Schloss thront malerisch auf einer leichten Anhöhe und wirkt dabei (auch dank der strahlend weißen Fassade) äußerst einladend. Hereinspaziert, es lohnt sich! Die Geschichte des Schlosses ist untrennbar mit der Celler Stadtgeschichte verbunden – um sie zu erfahren, ist der Besuch des Residenzmuseums mit oder ohne Führung ein Muss. Die Geschichten, die sich hier zugetragen haben, sind filmreif: Intrigen, Liebschaften und jede Menge Geheimnisse prägten die Zeit der Welfenherzöge in Celle. Aus allen Nutzungsperioden sind Baukörper erhalten: der mittelalterliche Burgpalas, der Rittersaal, die barocken Staatsgemächer und das Barocktheater sowie der im 19. Jh. von dem hannoverschen Hofarchitekten Georg Friedrich Laves (1788–1864) umgestaltete Ostflügel. Ein besonderes Highlight während einer Führung ist die Schlosskapelle: Sie ist das einzige Gotteshaus nördlich der Alpen mit vollständig erhaltener frühprotestantischer Ausstattung im Stil der Renaissance. Diese kann heute nur noch durch eine Glasscheibe bewundert werden – zu groß waren die

Schäden durch anhaltenden Publikumsverkehr. Damit dir die wichtigsten Details nicht entgehen, bereitet dich ein 3-D-Film im Museum auf den Besuch der Kapelle vor. Auch der Besuch der Staatsgemächer und der Schlossküche mit der Einrichtung aus dem 19. Jh. ist Bestandteil von Schlossführungen. Neben dem Residenzmuseum beherbergt das Schloss mit dem Schlosstheater ➤ S. 71 das älteste heute noch bespielte Barocktheater Europas. Um die Anlage herum führt ein Weg, von hier aus hast du einen wunderbaren Rundumblick auf den frei zugänglichen Schlosspark mit Wassergraben und einer idyllischen Allee aus Kaukasischen Flügelnüssen (eine Baumart aus der Familie der Walnussgewächse!). Hierher kommen die Celler gerne in der Mittagspause oder zum Feierabend. Der perfekte Ort zum Picknicken und Füßehochlegen! *Residenzmuseum (ohne Führung) Mai–Okt. Di–So 10–17, Nov.–Apr. Di–So 11–16 Uhr | Eintritt Erw. 8 Euro, erm. 5 Euro, Kinder u. Schüler frei | Schlossführungen (inkl. Eintritt Museum) April Di–So 12, 13, 14 Uhr, Mai–Okt. Di–Fr u. So 11, 13 u. 15, Sa 11–15 Uhr stündl., Nov.–März Di–Fr 12 u. 14, Sa u. So 12, 13, 14 Uhr | Eintritt Erw. 10 Euro, erm. 8 Euro, Familien 20 Euro | Schlossplatz 1 | residenzmuseum.de | Bus Schlossplatz | 1–2 Std. | b2*

2 BOMANN-MUSEUM ★

Wenn du dich für die Celler Regional- und Stadtgeschichte, für niedersächsi-

Die Welfen liebten es prachtvoll in ihrem Schloss

sche Volkskunde und generell für Kulturgeschichte interessierst, solltest du jetzt viel Zeit einplanen! Das Bomann-Museum besteht seit Ende des 19. Jhs. und gilt heute als eines der größten, bedeutendsten und trotz seiner langen Geschichte auch eines der modernsten Museen Niedersachsens. Benannt wurde es nach einem seiner Gründer, dem Fabrikanten Wilhelm Bomann. In der Dauerausstellung werden Stadt- und Regionalgeschichte lebendig. Dein Rundgang startet in einem Raum, der wie ein riesiger Zeitstrahl gestaltet ist – Fakten, Anekdoten und ungewöhnliche Exponate sorgen für einen ersten Überblick, bevor du für einige Minuten im Kino Platz nehmen darfst. Durch ein originalgetreu wieder aufgebautes niederdeutsches Bauernhaus erreichst du sechs weitere Ausstellungsbereiche, die sich dem Leben und Arbeiten in der Region in verschiedenen Epochen widmen. Im Dachgeschoss wird die Entdeckung der Heide durch Künstler, Schriftsteller und natürlich den Tourismus thematisiert sowie in einer weiteren Abteilung die Migration in der Region. Im Fokus stehen drei Bevölkerungsgruppen aus drei Jahrhunderten mit ihren jeweiligen Motiven, Herausforderungen und Erfahrungen als Fremde in der Fremde. Die *Miniaturensammlung Tansey* lässt dich über klitzekleine Gemälde staunen, die monumentale *Ehrenhalle der Hannoverschen Armee* ist eine der wenigen in Deutschland erhaltenen kaiserzeitlichen Ruhmeshallen. Zwischendurch oder zum Abschluss lockt das Museumscafé mit Kaffee, Kuchen und wun-

derbaren Sitzplätzen im Innenhof. Mitbringsel, Bücher für Groß und Klein und allerlei hübsche und leckere Dinge verkauft der Museumsshop.

INSIDER-TIPP Nur nicht hetzen!

Nicht alles geschafft? Kein Problem: Die Eintrittskarten gelten ab dem Erwerb für einen Monat, du kannst einfach wiederkommen. Und: Jeweils am letzten Samstag im Monat sowie am Geburtstag Wilhelm Bomanns am 4. Januar ist der Eintritt frei. *Di–So 11–17 Uhr (Feiertage s. Website) | Eintritt Erw.*

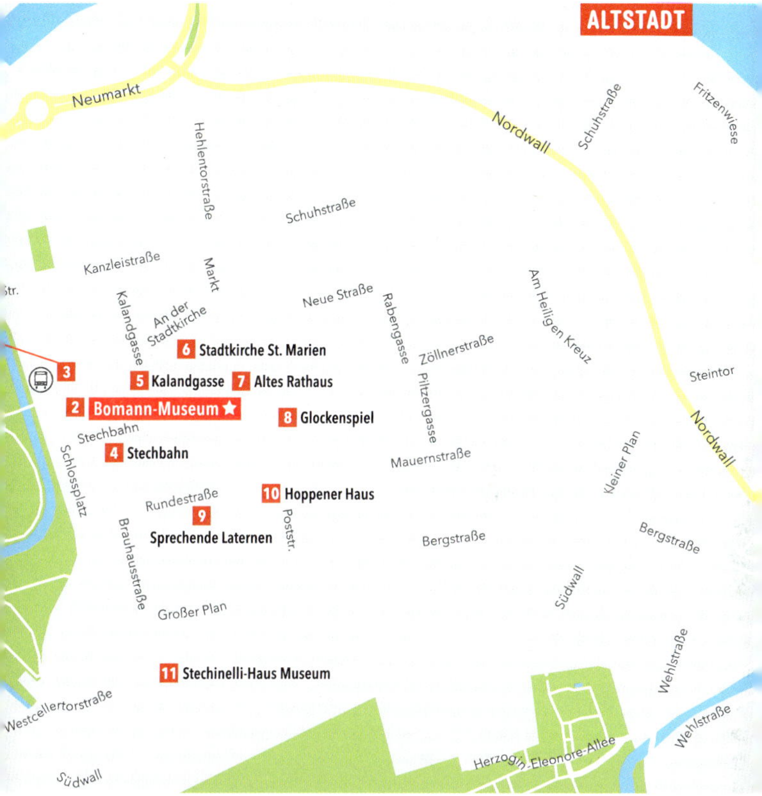

8 Euro, erm. 5 Euro, Kinder und Schüler frei; Tickets gelten zugleich im Kunstmuseum und umgekehrt | Schlossplatz 7 | bomann-museum.de | Bus Schlossplatz | 3 Std. | c4

3 KUNSTMUSEUM CELLE MIT SAMMLUNG ROBERT SIMON ★

Willkommen im ersten 24-Stunden-Kunstmuseum der Welt! Morgens, mittags, abends und nachts bietet das Kunstmuseum Celle Begegnungen mit moderner und zeitgenössischer Kunst aus der Sammlung des Kunstliebhabers Robert Simon sowie wechselnde Sonderausstellungen. Wenn du bisher keinen Bezug zur modernen Kunst hattest, könnte sich das mit deinem Besuch hier ändern. Tagsüber werden – ganz klassisch im Innenraum – Malerei, Grafik, Skulptur, Licht- und Objektkunst gezeigt. Nachts ist das Museumsgebäude geschlossen, aber trotzdem einen Besuch wert. An und hinter der gläsernen Fassade übernimmt Lichtkunst die Regie und lässt das Haus nach außen strahlen. Wer alles sehen will, kommt also zweimal: am Tag und bei Nacht. Einer der großen Glanzpunkte ist der von ZERO-Künstler Otto Piene speziell für Celle gestaltete „Lichtraum". Spektakulär! Das Haus besitzt außerdem eine umfangreiche Kollektion an *Multiples* von Joseph Beuys: kleine, leicht zugängliche Werke, die zum Beschäftigen mit der Kunst einladen. Ergänzt wird das Museumsangebot durch regelmäßige Sonderausstellungen, Kunstaktionen, Vorträge, Künstlergespräche, Konzerte, Lesungen und Workshops. *Di–So 11–17 Uhr | Eintritt Erw. 8 Euro, erm. 5 Euro, Kombikarte Erw. 12 Euro, erm. 8 Euro, freier Eintritt unter 18 J.; Tickets gelten zugleich im Bomann-Museum und umgekehrt | Schlossplatz 7 | kunst.celle.de | Bus Schlossplatz | 1½ Std. | c4*

4 STECHBAHN

Die Stechbahn, früher Steckelbahn, ist der ehemalige Turnierplatz der Stadt am südlichen Rand des Marktes, zwischen Schloss und Altem Rathaus. Heute duelliert sich hier niemand mehr, sondern es regiert das quirlige Stadtleben. Bei der Neugestaltung Anfang der 2000er-Jahre wurde der historische Hintergrund miteinbezogen: Die aufeinander zulaufenden Fontänen des Wasserspiels auf dem Platz vollziehen die Bewegungen der Reiter nach, die sich hier bei Turnieren gemessen haben. Vor allem im Sommer

Schönste Weserrenaissance am Nordgiebel des Alten Rathauses

ein guter Ort zur Abkühlung. *Bus Schlossplatz* | *c4*

5 KALANDGASSE

Eine der schönsten Gassen Celles ist die Kalandgasse, die von der Kanzleistraße an der Stadtkirche vorbei zur Stechbahn führt. Ein Blick in die Kalandgasse zeigt einen verträumten, romantischen Straßenzug. Benannt wurde sie nach dem halbreligiösen Orden der Kalandbruderschaft. An der Stelle, wo sich früher das Versammlungshaus des Ordens befand, steht heute die 1602 errichtete Lateinschule, deren Fassade mit reichem Schnitzwerk versehen ist. Apropos Schnitzwerk: Wer bei Schriftzügen auf Fachwerkhäusern genau hinsieht, entdeckt nur allzu oft kuriose Schreibfehler.

INSIDER-TIPP
Wer sieht's zuerst?

Da die mittelalterlichen Kunstschnitzer zwar ihr Handwerk, meist aber nicht das Lesen und Schreiben gelernt hatten, malten sie ab, was ihnen vorgelegt wurde, und produzierten so nicht wenige kleine und große „Schnitzer". Ein Beispiel für einen solchen Schreibfehler findest du am Gebäude gegenüber der Lateinschule (Tipp: Der Herzog friert!). *Bus Schlossplatz* | *c4*

6 STADTKIRCHE ST. MARIEN

Während die eine Seite der Stechbahn von Fachwerkhäusern gesäumt ist, ragt auf der anderen Seite die Stadtkirche empor. Der Baubeginn der dreischiffigen gotischen Hallenkirche fällt mit der Zeit der Stadtgründung zusammen, schon 1308 wurde die alte Dame vom Bischof zu Hildesheim als St. Marienkirche geweiht. Im 17. Jh. wurde die Stadtkirche zusätzlich mit einem Tonnengewölbe versehen und barockisiert. Besonders sehenswert sind der Altar von 1613, die Grabdenkmäler der Welfenherzöge im Chorraum, die Emporenbilder und die 1999 anhand der Originalpläne von 1687 rekonstruierte Barockorgel. Ein- bis zweimal täglich steigt ein Turmbläser auf den 74,5 m hohen Turm der Kirche und bläst wie in alten Zeiten einen Choral in alle vier Himmelsrichtungen *(tgl. 16.30, Sa u. So zusätzlich 9.45 Uhr)*. Natürlich kannst du die 235 Stufen auch selbst hinaufsteigen und (wenn die Puste reicht) oben ein Liedchen pfeifen. Der Blick ins Celler Umland lohnt sich! *Jan.–März Di–Sa 11–17, Apr.–Dez. Di–Sa 10–18, So nach dem Gottesdienst bis 13 Uhr* | *Kirchenführung Mi 12.30 Uhr, Turmbesteigung (1 Euro) Di–Sa 11–15.30 Uhr, Führung Fürstengruft Mi u. Do 16 Uhr* | *An der Stadtkirche 8* | *stadtkirche-celle.de* | *Bus Schlossplatz* | *c4*

7 ALTES RATHAUS

Als Herzog Otto der Strenge 1292 die Stadt Celle nach seinen Plänen anlegen ließ, entstand auch das Rathaus am Markt. Es gehört damit zu den ältesten Gebäuden Celles und wurde im 14. und 16. Jh. ausgebaut und reich verziert. Doch Vorsicht, der Schein trügt! Bei einer umfassenden Fassadenrenovierung in den 1980er-Jahren wurden die 300 Jahre alten Quader- und Illusionsmalereien des Malers H. J. Süersen entdeckt – nachdem über viele Jahre immer nur einfarbig gestrichen worden war. Diesen Schatz wollte man nicht aufgeben und so strahlen heute wieder 3-D-Effekte an der Fassade, wo eigentlich nur glatter Stein ist. Teile der Originalfassade gibt es im Inneren des Rathauses zu sehen. Im UG befindet sich das Restaurant Ratskeller ➤ S. 50. *Markt 14–16 | Bus Schlossplatz | 🕮 d4*

8 GLOCKENSPIEL

Wie hübsch! Das Glockenspiel an der Westfassade des Geschäftshauses Zöllnerstraße/Ecke Poststraße ist wunderbar anzuhören. Besonders sehenswert sind aber die geschnitzten Holzfiguren, die zu dem sanften Bimmelimm der 16 Bronzeglocken ihre Runden drehen: Sie zeigen Celler Persönlichkeiten von historischer Bedeutung. Mit dabei sind Herzog Otto der Strenge, Herzog Ernst der Bekenner, Königin Caroline Mathilde von Dänemark und die Dichter Ludwig Christoph Heinrich Hölty und Hermann Löns. *Tgl. 11, 13 u. 17 Uhr | Zöllnerstr. 44–46 | Bus Schlossplatz | 🕮 d4*

9 SPRECHENDE LATERNEN

Wenn sich fünf rhetorisch talentierte Laternen zusammentun, kannst du so allerhand lernen! Stell dich in die Mitte der 5er-Gruppe und erfahre Anekdoten aus dem Stadtleben damals und heute – vor allem der Klatsch rund um die ehemalige Residenz und ihre blaublütigen Bewohner hat es den gesprächigen Laternen angetan. Die Laternenfamilie besteht aus *Oma Lilo* (gesprochen von Lilo Wanders), *Enkel Jonas* (Sprecher unbekannt) und seinen drei Onkeln: *Besserwisser Stephan* (gesprochen von Stephan Westphal, NDR 2), dem *Langen Lulatsch Olli* (gesprochen von Oliver Vollmering, SAT.1) und der *Dicken* (gesprochen von Gerlach Fiedler, Krümelmonster der Sesamstraße). Wer abends vorbeikommt, bekommt ein Gute-Nacht-Lied geträllert oder den schnellsten Weg zum Kino erklärt. *Rundestr. 1 | Bus Schlossplatz | 🕮 d4*

10 HOPPENER HAUS

Du stehst vor dem bekanntesten Fachwerkhaus Celles! Der Titel kommt nicht von ungefähr, schließlich handelt es sich um das prächtigste: Sechs Geschosse kragen im Giebel übereinander, zu sehen sind zahlreiche Figuren, die Standespersonen zeigen, und Planetengötter, diabolische und närrische Gestalten, Fabelwesen, Fratzen und Reptilien. Im Giebel sind dagegen nur noch die Schwellen mit kräftigen Schnitzereien versehen. Das Bild Ernst des Bekenners wurde erst nach 1901 hinzugefügt. Vor dem Haus befindet sich ein Pipenposten (mit dem Wappenlöwen), einer von drei Brauchwasserbrunnen der fiskalischen Wasserleitung aus dem 16. Jh. *Poststr. 8 | Bus Schlossplatz | 🕮 Ld4*

11 STECHINELLI-HAUS

Seine Form als Palais im klassizistischen Baustil erhielt dieses schmucke Gebäude 1795 vom Wachsfabrikanten Jacob Chr. Lampe „der Stadt zur Zierde". Hübsch ist es ohne Frage, doch der Name des Hauses verweist auf eine andere Persönlichkeit mit spannender Geschichte: Stechinelli, der wohl berühmteste Italiener Celles,

So kunstvoll kann Fachwerk sein: das Hoppener Haus

hieß eigentlich Francesco Maria Capellini und wurde in Rimini geboren. Als der 15-jährige Francesco 1655 den Herzog Georg Wilhelm von Calenberg-Hannover kennenlernte, wusste er noch nicht, dass sein Leben eine dramatische Wendung nehmen würde: Der Herzog nahm den intelligenten Spross einer verarmten Adelsfamilie nämlich kurzerhand aus Italien mit in seine Heimat, machte ihn zum Kammerdiener und förderte seine Erziehung. Der ergriff die Chancen, die sich ihm boten, heiratete eine ehemalige Kammerdienerin der Herzogin Sophie von Hannover und wurde nach einem Umzug nach Celle schnell Hausbesitzer: Ab 1675 gehörte ihm das damals noch nicht ganz so riesige und prächtige Haus am Großen Plan. Seinen Beinamen Stechinelli (= Zahnstocherlein) erhielt Capellini von den Cellern, die sich über seine dünnen Beine lustig machten. Doch das störte ihn vermutlich wenig. Vom Herzog mit allen möglichen Privilegien ausgestattet, machte er sich auch in diplomatischen Kreisen einen Namen und landete schließlich im Postwesen: Als General-Erbpostmeister der drei welfischen Herzogtümer war er mit der Reorganisation des Fernverkehrs und der Errichtung neuer Poststationen beauftragt. Er verdiente gut, investierte in hochwertige Immobilien und lieh später als größter Kapitalgeber des Landes dem Herzog große Summen. Keine schlechte Karriere für einen Zahnstocher! *Am Großen Plan 14 | Bus Schlossplatz |* *c5*

DER NORDEN

Nördlich der Innenstadt geht es ruhig zu. Über die Pfennigbrücke überquerst du die Aller zur Dammaschwiese – im Sommer kannst du hier spazieren oder picknicken, im Winter bei passendem Wetter Schlittschuh laufen!

Nur wenige Meter weiter lernst du alles, was du über Heil-, Zauber- und Giftpflanzen wissen musst. Danach zum Essen zu *Divino* ➤ S. 52 und der Tag ist perfekt.

12 PFENNIGBRÜCKE

Diese hübsche Fuß- und Radfahrerbrücke über die Aller ist das Tor zur Innenstadt und gleichzeitig eine kleine Oase! Sie wurde im Jahr 1900 als Holzbrücke errichtet und kostete damals 1 Pfennig Brückenzoll. In den 1950er-Jahren ersetzte man die anfällige Holzsubstanz durch Beton, der Übergang selbst ist jedoch nach wie vor hölzern. Von der Brücke aus hast du einen tollen Blick auf die Aller, gehst du hinüber, bist du mitten im Grünen. Die Pfennigbrücke ist auch der Zielpunkt beim „Aller-Winter-Fackelschwimmen", das jedes Jahr im Februar stattfindet. *Zugang von der Ecke Theo-Wilkens-Str./Fritzenwiese* | *Bus Nordwall* | *f2*

Für alle Sinne – der Heilpflanzengarten

13 HEILPFLANZENGARTEN ★

Betörende Düfte und zauberhafte Farbspiele – der Heilpflanzengarten ist Schaugarten, Ruheoase und Lern-

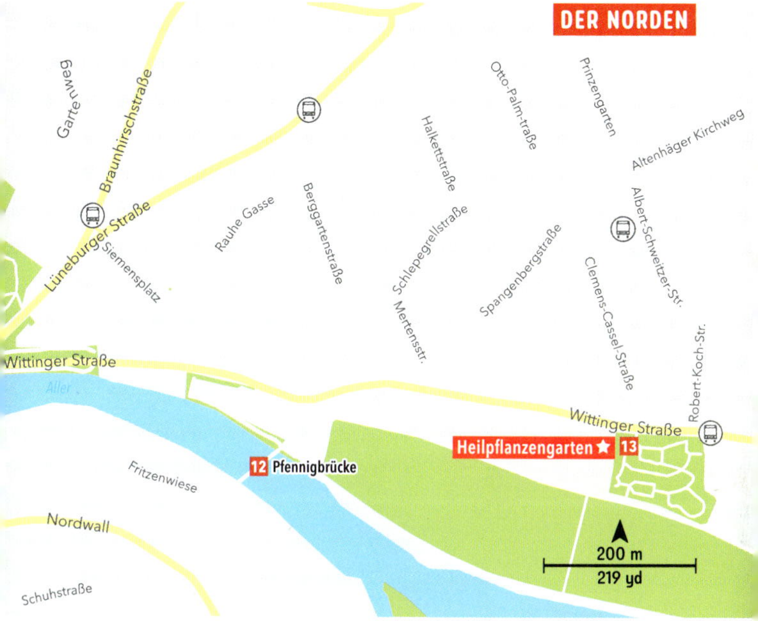

ort zugleich. Er entstand im Jahr 2000 als Teil des Expo-Projektes „KeimCelle Zukunft" der Stadt Celle und ist einer der größten seiner Art in Europa. Auf 7000 m² gedeihen über 300 Heilpflanzenarten: Duft- und Aromapflanzen, aber auch Gift- und Zauberpflanzen. Ein alter Baumbestand, Wasserbecken mit Heilpflanzen und Themenbeete, die z. B. Vertretern der Volksmedizin aus unterschiedlichen Zeitepochen gewidmet sind: Hier findest du die Pflanzen, auf die schon Hildegard von Bingen, Sebastian Kneipp und Matthias Leisen schworen. Neben Rasenflächen gibt es Blumenwiesen, eine Obststreuwiese und entlang der Wege weitere Themenbeete mit Duft- und Aromapflanzen, Giftpflanzen, Färberpflanzen, Sumpfpflanzen und Pflanzen aus der Bachblüten-Therapie. Die Etikettierung verrät dir, in welchem Heilverfahren sie jeweils eingesetzt werden. Der Heilpflanzengarten ist ein reiner Schaugarten, die Heilkräuter werden also nicht abgeerntet. Aber natürlich darfst du (kleine) Pflanzenteile zum Riechen, Rubbeln und Tasten verwenden und den Garten so mit allen Sinnen erkunden. Auch für tierische Bewohner ist gesorgt: Auf den Blumen- und Streuobstwiesen wurden Bienenstöcke und ein Insektenhotel aufgestellt, essbare Blüten im Gemüsegarten und die insektenfreundliche Beetbepflanzung sorgen dafür, dass es im Sommer überall summt und brummt. Die Außenstelle der Albrecht-Thaer-Schule BBS III, der Fachschule für Hauswirtschaft, Landtourismus und Direktvermarktung, befindet sich direkt auf dem Gelände und lädt im Café KräuThaer zu selbst gebackenem Kuchen ein. Angegliedert ist der KräuThaer-Laden mit selbst hergestellten Produkten. *März–Nov. tgl. 10–18 Uhr | Eintritt frei | öffentl. Gartenführung o. Anmeldung Mai–Sep. Sa 15 Uhr; Eintritt 5 Euro (Treffpunkt: Haupteingang) | Wittinger Str. 76 | celle.de | Bus Robert-Koch-Straße | 1 ½ Std. | M4*

14 CELLER GARNISON-MUSEUM

Klein, aber fein! Das Garnison-Museum dokumentiert Celles Geschichte als Militärstandort von 1866 bis heute. Neben den Verbänden der verschiedenen deutschen Streitkräfte bis 1945 (Deutsches Heer, Reichswehr, Wehrmacht) werden auch die von 1945 bis 2012 in Celle stationierten britischen Truppen sowie die Bundeswehr thematisiert. Die auf vier Ebenen präsentierte Sammlung umfasst originale Uniformen, Waffen, Orden und Ehrenzeichen sowie Ausrüstungsstücke und jede Menge Dokumente wie Briefe, Fotografien, Urkunden und Postkarten. Daneben finden sich auch einzelne ungewöhnliche Objekte mit direktem Bezug zur Garnisongeschichte. Eine Sondersammlung zeigt Nachrichten- und Fernmeldegeräte von der Kaiserzeit bis ins 21. Jh. Auf Nachfrage erklären dir fachkundige Ehren-

Schickes Wohnen für Schulleiter in der Direktorenvilla

amtliche gerne die Ausstellungsstücke und Hintergründe. *März–Nov. Sa 10–13 Uhr oder auf Anfrage an garnisonmuseum@celle.de | Eintritt frei (Spenden willkommen) | Hafenstr. 4 | garnison-museum.celle.de | Bus Kanzleistraße | 1 Std. | b2*

DER SÜDEN

Willkommen im Otto-Haesler-Land! Wichtige Einstiegsinfos zu dem berühmten Celler Bauhaus-Architekten findest du auf ➤ S. 19.

Die Gebäude, die Haesler hinterließ, sind eine echte Augenweide für Architektur- und Designinteressierte. Zum Pausemachen geht's in den Französischen Garten oder auf einen Spaziergang in den Bienengarten. Anderen bei der Arbeit zuzuschauen, ist schließlich auch mal schön!

15 DIREKTORENVILLA

Die Schüler immer im Blick! Da der Wohnsitz des Direktors in sichtbarer Nähe zum Gymnasium Ernestinum platziert werden sollte, wurde ein Stück vom Französischen Garten für den Bau zur Verfügung gestellt. Architekt Otto Haesler legte besonderen Wert darauf, das Gebäude nicht schwerfällig erscheinen zu lassen, sondern es quasi in den Park hineinzumodellieren. Haesler selbst hielt von Einfamilienhäusern nicht viel, er sah sie als Platz- und Ressourcenverschwendung an – aber „wenn schon, denn schon" mag er sich gedacht haben. Auf 350 m² ließ es sich ab 1930 dann auch ziemlich gut wohnen: Das Herzstück im Innenbereich ist der offene Wohnbereich mit herrlichem Blick in den Französischen Garten. Die hohen Räume unterstreichen das großzügige Ambiente. Doch das lichtdurchflutete Gebäude diente auch repräsentativen Zwecken und dem Empfang wichtiger Gäste des Direktors. Seit Mitte der 1950er-Jahre wurde das Haus für verschiedene Zwecke und u.a. 25 Jahre als Jugendzentrum genutzt. Zu Beginn der 2000er-Jahre war eine Generalsanierung fällig, seitdem ist es auch technisch wieder auf dem neuesten Stand. Die ikonischen Elemente des *Neuen Bauens* nach Otto Haesler konnten fast alle erhalten bleiben. Die Direktorenvilla war übrigens der letzte größere Auftrag für Otto Haesler in Celle – die ab 1930 in Celle immer mächtiger werdenden Nationalsozialisten hielten nämlich rein gar nichts vom *Neuen Bauen*. *Magnusstr. 5 | bauhaus.celle-tourismus.de | Bus Schlossplatz | ½ Std. | c6*

16 ALTSTÄDTER SCHULE (GLASSCHULE)

Die *Glasschule* zählt international zu den zehn wichtigsten Bauwerken des Bauhausstils und ist das wohl bekannteste Werk Otto Haeslers ➤ S. 19. Gleich nach der Einweihung des Gebäudes 1928 wirkte die nationale und internationale Berichterstattung wie ein Magnet auf Architekten, Politiker und Schulfachleute aus aller Welt. Teilweise war aufgrund der Besucherströme kaum Unterricht möglich, weshalb Besuchszeiten eingerichtet und ein

Eintritt genommen wurde. Eine solche Schule hatte man bisher wirklich noch nicht gesehen! Auch heute noch beeindruckt die Konsequenz, mit der Haesler seine Vorstellung eines guten Lernortes umsetzte. Der dreigeschossige Flachbau besteht aus zwei Seitenflügeln, die die Turnhalle umschließen. Eigentlich war Letztere im ersten Bauabschnitt für die zukünftige Volksschule nicht vorgesehen. Doch Otto Haesler unterbreitete mit seinem Entwurf „Gesunder Geist muß in gesundem Körper wohnen" eine kostengünstige Alternative zu einem späteren separaten Turnhallenbau. Die Seitenflügel werden dominiert von riesigen Fensterfronten mit insgesamt über 3000 Fensterscheiben (daher auch der Name *Glasschule*), die eine Beleuchtung im Innenraum bei Tageslicht so überflüssig machten, dass die Installation einer solchen sogar fast vergessen worden wäre – zumindest erzählt das die Legende. Für Haesler spielte auch die Farbgestaltung eine große Rolle: Graue, schwarze und rote Türen, hellgraue Wände, blaue Vor-

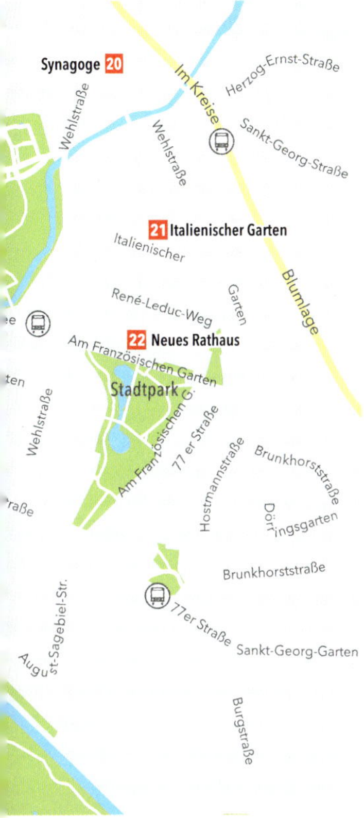

hänge und das rote Vordach waren genau aufeinander abgestimmt, das Konzept ging jedoch im Laufe der Jahre durch Umbauten und Sanierungen teilweise verloren. Sanierungspläne sehen die Wiederherstellung der ursprünglichen Farbgebung vor. Schon im Eingangsbereich spürt man die Gedanken, die Otto Haesler sich zu „seiner" Schule machte: Die abgerundeten Ecken im Eingangsbereich und den Fluren ersparten schon Generationen von Schülerinnen und Schülern blaue Flecken und schützen die Ecken vor Beschädigungen und Abstoßungen. Ganz schön clever, oder? *Wegen Sanierungsarbeiten kann die Schule leider aktuell nicht besichtigt werden (Stand 2023) | Sägemühlenstr. 9 | bauhaus.celle-tourismus.de | Bus: Sägemühlenstraße |* *K6*

17 REKTORENWOHNHAUS

Parallel zum Bau der Altstädter Schule 1926–1928 entstand in der Südwestecke des Schulgeländes das Wohnhaus für den Rektor der Schule. Das Rektorenwohnhaus gehörte zum Gesamtauftrag der Altstädter Schule und so nahm Haesler sich trotz seiner Fokussierung auf den sozialen Wohnungsbau auch dieses Projekts an. Das Gebäude ist aus mehreren Kuben zusammengesetzt und bietet drei Wohnräume im Erdgeschoss sowie die Schlafräume im Obergeschoss. Heute wohnt hier allerdings nicht mehr die Leitung der Altstädter Schule. Es befindet sich im Besitz des Landkreises Celle und ist mit den später angefügten Anbauten selbst zur Schule umfunktioniert worden. Heute kümmert sich die Bürgerinitiative „bauhausSchauhaus" otto haesler um den Erhalt des Gebäudes und möchte die Bauhausarchitektur in Celle auch für Touristen bekannt machen. Daher soll mit Spenden aus der Bevölkerung unter dem Motto „bauhausSchauhaus" das Rektorenwohnhaus als Treffpunkt für Bauhaustouristen eingerichtet werden, mit Möbeln aus der Bauhauszeit und den knallfarbigen Wandanstrichen aus der Erbauungszeit. Dank einer 24-Stunden-Galerie erhältst du einen Eindruck vom Innenleben der Bürgerwohnung, auch wenn die Türen (noch) verschlossen sind: Direkt am Rektorenhaus sind Fotoaufnahmen aus der eingerichteten Wohnung angebracht. *Sägemühlenstr. 9 | bauhaus.celle-tourismus.de | Bus Sägemühlenstraße |* *K6*

18 FRANZÖSISCHER GARTEN

„Oh là là", denkst du dir beim Flanieren durch die schier endlose doppelreihige Lindenallee, „ganz schön riesig!" Tatsächlich ist der Französische Garten der größte Park der Stadt. Dabei wird er seinem Namen gar nicht mehr gerecht: Die Anlage erinnert in ihrer heutigen Form eher an einen englischen Landschaftsgarten. Doch das war nicht immer so: Der Französische Garten wurde gegen Ende des 17. Jhs. auf Geheiß der Herzogin Eléonore d'Olbreuse, der Gattin von Herzog Georg Wilhelm, als barocker Hof- und Lustgarten angelegt. Eine Hommage an ihre französische Heimat! Später wurde der Park vernachlässigt und umgestaltet, ab Mitte des 19. Jhs. erhielt er seine heutige Gestalt. Neben der Lindenallee und den weitläufigen, fein getrimmten Rasenflächen befindet sich am Westende ein kreisrunder Teich mit Springbrunnen, es gibt einen schönen Kinderspielplatz und einen Rosengarten. In dem kleinen Renaissanceschlösschen am Ostende befindet sich ein Kindergarten. Der nördlichste Teil des Gartens wurde vor über 100 Jahren abgetrennt, hier befindet sich heute das Bieneninstitut. *Eintritt frei | Herzogin-Eleonore-Allee | Bus Schlossplatz oder Blumlage |* *d7*

19 BIENENINSTITUT MIT BIENENGARTEN ★

Im Französischen Garten geht es eigentlich eher ruhig zu. Doch gemütliches Flanieren oder auf Picknickdecken liegen ist nicht jedermanns Ding: Im Bieneninstitut wird tagein und tagaus fleißig geschafft! Kein Wunder, denn die braun-gelb gestreiften Bewohner finden hier beste Arbeitsbedingungen vor. Um die Imkerei zu fördern, deren Rückgang mit dem Schwinden der Heideflächen einherging, wurde 1927 das Bieneninstitut, heute offiziell *LAVES – Institut für Bienenkunde Celle*, gegründet. Zu seinen Aufgaben zählen die Aus- und Fortbildung von Imkern, ein landesweiter Beratungsdienst, die chemische und biologische Honigforschung, Bienenpathologie, Trachtforschung, Forschung zur ökologischen Bedeutung von Honig- und Wildbienen, Bienenzüchtung usw. Ein Rundgang durch den wunderschönen Garten, in dem nicht nur viele Bienenvölker, sondern auch jede Menge Obstbäume heimisch sind, ist eine Wohltat für Auge und Nase. Hier blüht und surrt und duftet es aus allen Ecken, Schautafeln erklären die faszinierende Welt der Bienen und mit etwas Glück kannst du den Imkern bei der Arbeit zusehen. Spannend ist auch die Präsentation zum Imkereiwesen im Treppenspeicher aus dem Jahre 1607 und in Teilen des ehemaligen Orangeriegebäudes (nur mit Führung zu besichtigen). *Mo–Do 9–17, Fr 9–12 Uhr, Gruppenführungen auf Anfrage (Tel. 05141 124141 oder fuehrungen@celle.de) | Eintritt Bienengarten frei | Herzo-*

gin-Eleonore-Allee 5 (im Französischen Garten) | laves.niedersachsen.de | Bus Schlossplatz oder Blumlage | 1 ½ Std. | e5

20 SYNAGOGE

Halt, nicht vorbeigehen! Man muss genau hinsehen, um die älteste Fachwerksynagoge Niedersachsens zu finden. Die unprätentiöse Location umgeben von Wohnhäusern war gleichzeitig die Rettung des jüdischen Gotteshauses – zumindest, was die Fassade betrifft: Aus Angst davor, gleich mehrere Fachwerkgebäude zu zerstören, verzichteten die Nazis während der Reichspogromnacht 1938 auf das Anzünden der Synagoge. Die Inneneinrichtung wurde jedoch bis auf Teile des Thoraschreins und des Opferstocks vollständig zerstört. Nach 1945 gründeten Überlebende des Holocausts eine neue jüdische Gemeinde, die bis heute sehr aktiv ist. Eines der beiden Vorderhäuser beherbergt ein Museum, das wechselnde Ausstellungen zum jüdischen Leben in Celle und zur jüdischen Kulturgeschichte zeigt. *Di–Fr, So 11–16 Uhr | Eintritt frei | Im Kreise 24 | Bus Blumlage | f5*

21 ITALIENISCHER GARTEN

Der Name täuscht: Dich erwartet kein mediterran blühendes Idyll, sondern ein Wohngebiet. Die Siedlung Italie-

Heideflair am Bieneninstitut im Bienengarten

1930er-Jahre-Wohnen im Otto-Haesler-Museum

nischer Garten wurde 1924 bis 1926 erbaut und verhalf Otto Haesler zum Durchbruch in Sachen „Neues Bauen". Als Gegenentwurf zum Wohnen in engen grauen Arbeiter-Mietshäusern waren die farbenfrohen Gebäude gedacht, allerdings wurden die großzügigen Wohnungen mit Garten schnell von der gut verdienenden Mittelschicht für sich beansprucht. Die markanten Flachdächer, die leuchtend roten und blauen Hauswände und Sprossenfenster sind Bauhaus pur und auch heute noch äußerst beliebt (zwischenzeitlich wurde natürlich renoviert). Ein spannender Gegenpol zum Fachwerk in der Altstadt! *Italienischer Garten | bauhaus.celle-tourismus.de | Bus OBS II Blumlage/Neues Rathaus |* *f6*

22 NEUES RATHAUS

Nein, das riesige rotbraune Gebäude nahe dem Französischen Garten ist kein Palast – hier wird Politik gemacht! Ursprünglich diente der Prachtbau aber militärischen Zwecken: Die im Stil der Neugotik gebaute „Heidekaserne" wurde ab 1873 für zwei Bataillone eines traditionsreichen Hannoverschen Infanterie-Regiments bereitgestellt. Die Seitenflügel waren den Unteroffizieren und Offizieren sowie deren Familien vorbehalten. Später erlebte die Kaserne mehrere Besatzungen, zuletzt logierten hier bis 1992 die Briten. Seit 1999 sind nahezu alle Fachbereiche der Stadtverwaltung Celle auf dem Gelände der ehemaligen Heidekaserne zusammengefasst. *Am Französischen Garten 1 | Bus Blumlage/Neues Rathaus |* *f7*

23 LANDGESTÜT CELLE

Am 27. Juni 1735 ordnete Georg II., Kurfürst von Hannover (und König von Großbritannien), an, ein Landgestüt in Celle zu gründen. Die Pferde für die Kavallerie und die Landwirtschaft sollten künftig im eigenen Land gezüchtet und nicht teuer im Ausland eingekauft werden müssen. Aus dem Unterfangen wurde eine der bedeutendsten Zuchtanlagen Deutschlands und bis heute definiert die traditionelle Prämisse Georgs II. deren Kernaufgabe: *„Zum Wohle der Züchter werden qualitätsvolle Hengste zu moderaten Preisen für die Landespferdezucht zur Verfügung gestellt."* Doch die heutige Bedeutung des Gestüts geht noch weiter: Ob bei der Förderung der Landeszucht durch die Bereitstellung hoch qualifizierter Hengste, der Veredelung der Reitpferdezucht durch die Einkreuzung Englischer Vollblüter, der Gründung der ersten deutschen Hengstprüfungsanstalt (ja, so was gibt es!) oder der Etablierung moderner Biotechnologien in Sachen (Pferde-)Fortpflanzung – hier werden die modernen Maßstäbe der Pferdezucht gesetzt. Das Gestütsgelände liegt im Herzen Celles, Kernstück ist der Paradeplatz: ein ovaler Rasenplatz mit umgebender Aschenbahn, auf dem alljährlich das Sommervergnügen rund um die Celler Hengstparaden stattfindet. Auch außerhalb von Veranstaltungen lohnt sich ein Besuch des Gestüts! *Mo–Do 8–12 u. 13–16, Fr u. Sa 8–12 Uhr | Spörckenstr. 10 | landgestuetcelle.de | Bus Schwedenbrücke |* *J6*

AUSSERDEM SEHENSWERT

24 OTTO-HAESLER-MUSEUM ★

Achtung, Zeitsprung! Das Otto-Haesler-Museum ist ein Highlight auf deiner Bauhaus-Tour durch Celle. Es liegt etwas außerhalb der Innenstadt in der Siedlung *Blumläger Feld*, die ebenfalls von Otto Haesler errichtet wurde. Alte Schilder, Einrichtungsgegenstände, der ehemalige Waschsaal und das Hausmeisterbüro erzählen von einer Zeit, in der die Miete noch bar bezahlt wurde und das Waschen echte Arbeit war. Spannend ist ein Besuch der Museumswohnung im benachbarten Block Rauterbergweg 1, der bei der großen Sanierungs- und Umbaumaßnahme der Siedlung *Blumläger Feld* Anfang des neuen Jahrtausends glücklicherweise in seiner ursprünglichen Form erhalten blieb. Hier wird das Gefühl der damaligen Zeit erst so richtig lebendig und du kannst hautnah nachempfinden, wie die Menschen hier in den 1930er-Jahren ihren Alltag verbracht haben. Unbedingt anschauen! *Mi–So 13–18 Uhr | Eintritt frei, Spenden willkommen | Galgenberg 13 | bauhaus.celle-tourismus.de | Bus Galgenberg | 1 ½ Std. |* *M7*

ESSEN & TRINKEN

Celle und Tradition, das gehört zusammen wie Schloss und Schlossgarten. Nicht nur die bodenständigen Celler und die urige Innenstadt bestätigen das charmante Klischee, auch die vielen alteingesessenen Restaurants und Cafés sorgen für zufriedene Gemütlichkeit. Hinsetzen und wohlfühlen!

Punkt 12 Uhr zum Mittagstisch, Kaffeechen mit Kuchen am Nachmittag und abends gutbürgerlich essen – so lobt es sich der Celler. Doch ab und an verirren sich originelle Konzepte in die Straßen und Gassen der Stadt: Hippe Cafés überraschen mit kreativen Früh-

Alle Adressen in diesem Kapitel findest du auf der Faltkarte 🗺

Eine Celler Institution und immer gut für die Rohe Roulade: Thaers Wirtshaus

stücksideen und auch die internationale Küche ist in Celle längst angekommen. Vom womöglich besten Italiener im Norden über böhmische Leckereien und vietnamesische Küche bis zu Tacos und Burritos werden jeder Geschmack und jedes Gelüst bedient. Die Wege sind kurz und wer genügend Hunger mitbringt, entdeckt vielleicht eine neue Leibspeise. Ein Muss sind die Celler Rohen Rouladen, auch wenn das „Originalrezept" der Spezialität überall ein wenig anders daherkommt. Ob Thaers Wirtshaus, Dackels Krohne oder Bierakademie – richtig ist, was dir am besten schmeckt!

WO CELLE ISST

MARCO POLO HIGHLIGHTS

★ **ARTE DOLCELLE**
Schon mal einen Eisburger probiert? Das Gelato-Paradies für Experimentierfreudige! ➤ S. 48

★ **KIESS & KRAUSE – DAS KAFFEEHAUS**
Am Anfang war der Baumkuchen, heute gibt's kaum Grenzen: Backkunst mit Tradition! ➤ S. 48

★ **ROAD TO ALOHA**
Frischer Kaffee, Bananenbrot und Aloha – wer kann da widerstehen? ➤ S. 49

★ **BRAUNER HIRSCH**
DIE Stammkneipe in Celle mit hervorragender Stimmung und außergewöhnlichen Speisen ➤ S. 50

★ **MARTAS RESTAURANT**
Lauschiges Lokal mit regionaler Karte und leckerem Mittagstisch ➤ S. 50

★ **THAERS WIRTSHAUS**
Typisch für Celle: Die Rohe Roulade ist besonders (gut)! ➤ S. 52

★ **TAVERNA & TRATTORIA PALIO**
Authentisch italienische Küche, die dich dahinschmelzen lässt. Einmalig in Celle! ➤ S. 53

AN DER CONGRESS UNION

Rohe Roulade im Thaers Wirtshaus oder authentisch italienische Speisen im Althoff Hotel Fürstenhof Celle?

HEHLENTOR
Brauner Hirsch
Lüneburger Straße
Harburger Straße
Kapellenberg
Wittinger Straße
Schlepegrellstraße
SCHUHSTRASSE UND NEUE STRASSE
Schlemmen unter Fachwerkgiebeln in den charmanten Altstadtgassen
Fritzenwiese
Neumarkt
Nordwall
Hehlentorstraße
Schuhstraße
Fritzenwiese
Aller
Martas Restaurant
Kanzleistraße
Neue Straße
Am Heiligen Kreuz
Kalandgasse
Markt
Stechbahn
Zöllnerstraße
Piltzergasse
Mauernstr.
Fritzenwiese
Steintor
Nordwall
Kleiner Plan
Road to Aloha
Runde Straße
Poststr.
Bergstraße
Bergstr.
Wehlstraße
Im Kreise
Arte Dolcelle
Kiess & Krause - das Kaffeehaus
Blumlage
RUND UM STECHBAHN UND ALTES RATHAUS ...
... duellieren sich heute die Gastronomen um hungrige Gäste
BLUMLAGE/ ALTSTADT
Südwall
Herzogin-Eleonore-Allee
Französischer Garten
Italienischer Garten
René-Leduc-Weg
Magnusgraben
Maulbeerallee
Am Französischen Garten
Stadtpark
Langensalzaplatz
Magnusstr.
Wildgarten
Wehlstraße
Else-Wex-Str.
77er Straße
Hostmannstraße
Langensalzaplatz

CAFÉS & EIS

1 ARTE DOLCELLE ★

Von kunstvollen Eiskreationen verzaubert und von besten Zutaten aus Italien und der Region betört: Bei frisch zubereitetem Eiskaffee und Crêpes genießt du deinen Nachmittag mit Blick auf den Großen Plan. Mit Hund unterwegs? Für tierische Abkühlung sorgt „Dog-Gelato" – und du musst dein Eis nicht teilen. *Mo–Sa 10–20, So 11–20 Uhr | Großer Plan 26 | Tel. 05141 2 19 09 84 | Instagram: arte dolcelle | Bus Celle Schlossplatz/Museum | €€ | Altstadt | d5*

INSIDER-TIPP
Lecker Leberwurst im Becher

2 CAFÉ MÜLLER

Ob Sahne-, Creme-, Obst- oder gebackene Torten – gleich mehrere Filialen buhlen um deine Tortenlust. Zentral liegt die Filiale am Französischen Garten. Von der Hochterrasse hast du einen wunderbaren Blick ins Grüne. Zum Standardsortiment gehören 28 Torten und 41 Kuchen, Strudel und Törtchen! *Di–So 10–18 Uhr | Südwall 33 | Tel. 05141 2 44 02 | cafe-mueller-celle.de | Bus Celle Schlossplatz | €€ | Altstadt | c6*

WOHIN ZUERST?

Dein Tag beginnt nahrhaft in der Diele 42; wer es lieber süß mag, startet im Kaffeehaus Kiess & Krause. Um die Mittagszeit findest du rund um **Neue Straße** und **Schuhstraße** jede Menge Restaurants und Cafés für den kleinen und großen Hunger. In der Nachmittagssonne noch schnell ein Eis auf die Hand? Arte Dolcelle versorgt dich, bevor es zum Abendessen in Thaers Wirtshaus oder zur Taverna & Trattoria Palio geht.

3 DIELE 42

STULLE wird hier großgeschrieben, denn Nina und ihre Crew machen die besten der Stadt. Verschiedene, teils ungewöhnliche Toppings werden attraktiv auf einer großen Brotscheibe angerichtet. Nachmittags gibt's frische Waffeln und selbst gebackenen Kuchen. *Di–Fr 9–17, Sa 9–15 Uhr | Schuhstr. 42 | Tel. 05141 3 01 09 12 | diele-42.metro.bar | Bus Celle Schlossplatz/Museum | € | Altstadt | e3*

INSIDER-TIPP
Brotzeit mal anders!

4 KANZLEICAFÉ

Im Bücherdschungel! In diesem niedlichen Café schmökerst du dich bei heißem Kaffee durch eine große Auswahl an gebrauchten Büchern. Was gefällt, darf zum kleinen Preis mit nach Hause genommen werden. *Di–Sa 9–18 Uhr | Kanzleistr. 6 | Tel. 05141 7 09 49 82 | Facebook: Kanzlei Café – Celle | Bus Celle Schlossplatz/Museum | € | Altstadt | c3*

INSIDER-TIPP
Neue Mitbewohner finden!

5 KIESS & KRAUSE – DAS KAFFEEHAUS ★

1871 noch Baumkuchenfabrik, ab 1928 Kaffeehaus und heute beliebter Treffpunkt am Großen Plan mit toller

Hawaii meets Celle im Café ROAD TO ALOHA

Tortenauswahl! *Mo–Sa 9–18 Uhr | Großer Plan 16 | Tel. 05141 2086167 | kiess-krause.de | Bus Celle Schlossplatz/Museum | €€ | Altstadt | c5*

6 KONDITOREI & CHOCOLATERIE ROLF BAXMANN

Kuchen über Kuchen über Kuchen … Die frisch gebackenen Butter-, Mandel- und Streuselkuchen sind ein MUSS! Im Sommer sitzt du lauschig im Innenhof. *Di–Sa 8–16 Uhr | An der Stadtkirche 1 | Tel. 05141 9519777 | konditorei-baxmann.de | Bus Kanzleistraße | €€ | Altstadt | c4*

7 LEAS RÖSTLAUBE

Eine heiße WEISSE Schokolade gefällig?! Dann auf zu Leas Röstlaube. In dem kleinen süßen Café gibt es leckere Heißgetränke sowie ein wechselndes Kuchenangebot. Zeit für ein Päuschen! *Di–Sa 11–17 Uhr | Brandplatz 2 a | Tel. 0170 5510043 | Facebook: leasroestlaube | Bus Celle Schlossplatz | €€ | Altstadt | e3*

8 ROAD TO ALOHA ★

Aloha! Die beiden Gründer Louisa und Egidius verführen dich mit fruchtigen Kaffeearomen aus 100 % Kona Coffee, dem unwiderstehlichen Geruch von frisch zubereitetem Bananenbrot und dem Geschmack leckerer Açai-Bowls. *Mo–So 10–17 Uhr | Altencellertorstr. 4 | Tel. 0152 24745609 | roadtoaloha.com | Bus Celle Schlossplatz/Museum | € | Altstadt | f4*

DEUTSCHE KÜCHE

9 BIERAKADEMIE

Der ungewöhnliche Name stammt aus dem Jahre 1980, als Gäste in einem bierseligen Lehrgang ein Bier-Diplom ablegen konnten. Den Abschluss gibt es nicht mehr, dennoch bleibt der Besuch ein Erlebnis. Bei Celler Rohen Rouladen und Bier vom Fass speist du gutbürgerlich mit Stil. *Mo–Fr 17–22, Sa 18–22 Uhr | Weißer Wall 6 | Tel. 05141 2 34 50 | bierakademie-celle.de | Bus Celle Schlossplatz/Museum | €€ | Altstadt | c3*

10 BRAUNER HIRSCH ★

Die Kultkneipe schlechthin in Celle seit 1660 – der *Braune Hirsch* gilt als die älteste durchgehend geführte „Ausspannwirtschaft" Deutschlands!

INSIDER-TIPP
Leckerer, als es klingt!

Für die nötige Grundlage zum Bier sorgen die Ochsenfetzen mit Bratkartoffeln oder ein anderes Schmankerl von der Speisekarte. *Mo–So 17–23.30 Uhr | Braunhirschstr. 21 | Tel. 05141 3 31 69 | Bus Celle Allgemeines Krankenhaus | Norden | K3*

11 DACKELS KROHNE

Das Gasthaus Krohne ist eines der ältesten Gasthäuser der Stadt mit 100-jähriger Tradition. Klassisch gibt es hier (natürlich) die Celler Rohen Rouladen, Bratkartoffeln oder Matjesfilet „Hausfrauen Art". *Mo–Fr 11–24, Sa 10–24, So ab 10 Uhr | Im Kreise 12 | Tel. 05141 2 55 80 | dackelskrohne.de | Bus Celle Schlossplatz/Museum | €€ | Altstadt | f5*

12 DAS ESSZIMMER

Wer gehoben essen gehen möchte, ist hier richtig. Die exquisite Küche verwöhnt dich mit internationalen Gaumenfreuden und frischen Zutaten. Die wechselnde Themenkarte sorgt für Überraschungen und zur richtigen Jahreszeit gibt es Bärlauch-Spargel-Crostini! *Mi–Sa 17–22, So 12–14.30 und 17–21 Uhr | Hostmannstr. 37 | Tel. 05141 9 77 75 36 | dasesszimmer-celle.de | Bus Celle Thaerplatz | €€€ | Südliche Innenstadt | L6*

13 DER RATSKELLER CELLE

Seit 1378 wird im historischen Kellergewölbe gebechert. Die traditionsreiche Kulisse besticht mit entzückenden Wandgemälden und kleinen Nischen, in denen man gesellig beisammensitzt. Die regionale Küche wird verfeinert durch genussreiche Wildspezialitäten und leckeres Bier. *Di–Sa 11.30–15 u. ab 17.30 Uhr | Markt 14 | Tel. 05141 2 90 99 | rkcelle.de | Bus Celle Schlossplatz/Museum | €€ | Altstadt | d4*

14 MARTAS RESTAURANT ★

Gute deutsche Küche in rustikal-schickem Ambiente. Das verwinkelte Restaurant mit Holzgebälk und der lauschige Innenhof verleihen den Räumlichkeiten einen einladenden Charme. Wenn du besonders regional essen möchtest, nimm das Heidschnuckenragout! *Di–Fr 11–14.30, 18–21.30, Sa 11–14.30 Uhr | Neue Str. 16 | Tel. 05141 8 89 36 77 | martas.de | Bus Celle Schlossplatz | €€ | Altstadt | e3*

15 RESTAURANT SCHATTAUER

Eine echte Traumlocation in der Draußen-Saison: gemütliche Holztischgarnituren im Schatten einer alten Kastanie, die Bar mitten im Biergarten, dahinter gut gelauntes Personal. Nach deiner großen Portion Schnitzel

Unsere Empfehlung heute

Snacks

SALAT VON GRÜNEM BIOSPARGEL
aus der Lüneburger Heide,
verfeinert mit Celler Honig

CELLER GEKOCHTE
geräucherte und gebrühte Fleischwurst,
dazu Salat aus Heidekartoffeln

Hauptgerichte

CELLER ROHE ROULADE
Das Original vom Rind mit ordentlich
Zwiebel, dazu gebuttertes Graubrot

OCHSENFETZEN
Mariniertes Geschnetzeltes vom
Ochsenfilet in Sahne-Rotwein-Soße,
dazu Bratkartoffeln und Krautsalat

HEIDSCHNUCKENRAGOUT
mit Heidekartoffeln und Rosenkohl

RÄUCHERFISCH
aus der Aller, dazu Roggenschrotbrot
und Meerrettichcreme

Desserts

BIENES TRÄUMCHEN
Dessert mit Heidehonig,
Ziegenkäseschaum und Aprikosen

BUCHWEIZEN-PFANNKUCHEN
mit Blaubeerragout und
Zitronensorbet

Alkoholisches

108ER
Regionale Schnapsmischung mit
Heidegeist und Ratzeputz

ALTER PROVISOR
Bernsteinfarbener Kräuterlikör
nach einem Celler Familienrezept
von 1910

BEKENNER-BOCK
Aromatisches Starkbier
der Celler Brauerei

(250 g!) gibt's einen feinen Verdauungsschnaps und der Sommerabend kann los- und weitergehen. *Mi–Sa ab 11 Uhr, So ab 10 Uhr | Lüneburgerstr. 22 | Tel. 05141 4 09 50 88 | restaurant-schattauer.de | Bus Celle Allgemeines Krankenhaus | Norden | L3*

16 SCHWEINE SCHULZE

Das heimliche Rathaus seit 1842! Hier wurde und wird gemeinsam gegessen und Politik gemacht. Doch auch ohne politischen Auftrag lohnt sich der Besuch. Besonders knusprige Bratkartoffeln oder große, saftige Kroketten – mit den Kartoffelgerichten machst du hier alles richtig. *Mo–Sa 11.30–15 u. 18–21.30 Uhr | Neue Str. 36 | Tel. 05141 22944 | schweine-schulze.de | Bus Celle Schlossplatz/ Museum | €€ | Altstadt | d4*

17 THAERS WIRTSHAUS ★

Egal ob Brotzeit, Fisch, Fleischgerichte oder Klassiker wie Flammkuchen: Die Karte bietet eine große Auswahl an ausgezeichneten Speisen. Das moderne Wirtshaus mit 16 m langer Theke ist immer gut besucht, es lohnt sich, einen Tisch zu reservieren.

INSIDER-TIPP
Celle auf dem Teller

Ganzjährig erwarten dich die typische Celler Rohe Roulade, der 1-Liter-Bier-Tower sowie ein täglich wechselnder Mittagstisch. *Mo–So 12–23 Uhr | Thaersplatz 1 | Tel. 05141 91 94 23 | thaers.de | Bus Celle Thaerplatz | €€€ | Altstadt | b6*

Italien kulinarisch erleben: Taverna & Trattoria Palio

18 WEINKELLER „POSTMEISTER VON HINÜBER"

In einer ehemaligen Poststation speisen, Celle macht's möglich. Von 1706 bis 1740 befand sich im heutigen Weinkeller eine Poststation mit ihrem Postmeister: Christian Carl Hinüber. Im Ambiente des alten Gewölbekellers schmeckt dein Lieblingswein besonders gut! *Di–Sa 18–22 u. Sa 12–14 Uhr | Zöllnerstr. 25 | Tel. 05141 2 84 44 | weinkeller-celle.de | Bus Celle Schlossplatz/Museum | €€ | Altstadt | e4*

RUND UM DIE WELT

19 DIVINO

Eine Pizza direkt an der Aller – schließt du für einen Moment die Augen, fühlt es sich wie in Venedig an. Serviert werden leckere Pizzen aus dem Steinofen und weitere italienische Klassiker. Dolce Vita à la Celle! *Mo–Fr 17.30–23, Sa–So 11.30–14.30 u. 17.30–23 Uhr | Fritzenwiese 39 | Tel. 05141 9 77 17 14 | divino-celle.de | Bus Kanzleistraße | €€ | Altstadt | f2*

20 LEYLA

Dass die indische Küche nicht nur aus Curry besteht, beweist dieses gemütliche Restaurant. Köstliche bunte und liebevoll kreierte südindische Gerichte zum fairen Preis. Hingehen! *Mo–Fr 12–15 u. 17–22.30, Sa 12–22.30, So 12–22 Uhr | Am Heiligen Kreuz 33 | Tel. 05141 2 78 75 85 | leyla-celle.de | Bus Kanzleistraße | €€ | Altstadt | e3*

21 RICETIME

Ob Gourmet, Liebhaber der vietnamesischen Küche oder Sushi-Fan – hier findest du das Richtige. Der Spagat zwischen traditionell vietnamesischen Gerichten und neuen Kreationen der Sushi-Küche ist mehr als gelungen. *Mo–So 11.30–22.30 Uhr | Markt 3 | Tel. 05141 4099702 | rice-time.de | Bus Kanzleistraße | €€ | Altstadt | d3*

22 SCHWEJK

Seit Mitte der 1980er gibt's hier leckere tschechische Küche. Neben bekannten böhmischen Gerichten und Getränken genießt du regionale sowie saisonale Einflüsse und einen besonders herzlichen Service. *Do–Mo 17–23 Uhr | Kanzleistr. 7 | Tel. 05141 23353 | schwejk-celle.de | Bus Celle Schlossplatz | €€ | Altstadt | c3*

23 SOMBRERO

Mexiko in Celle! In dem mit bunten Tüchern und Sombreros dekorierten Restaurant wirst du ins kulinarische Mittelamerika entführt. Bei Tapas, Tacos, Fajitas und original südamerikanischem Tequila kommen Bauch und Seele auf ihre Kosten. *Di–So 12–15 u. 18–22 Uhr | Am Heiligen Kreuz 32 | Tel. 05141 9013102 | sombrero-celle.eatbu.com | Bus Celle Schlossplatz | €€ | Altstadt | e3*

24 STRANDHAUS CELLE

Hinter klangvollen Namen wie Purple Prince oder Farbspiel verbergen sich Pasta- und Fischgerichte, außerdem gibt's Flammkuchen, Salate, Bowls, Wiener Schnitzel... Die Traumlage auf der Allerinsel sorgt für Urlaubsfeeling. Sand und Strandkorb vorhanden! *Mo–Fr ab 11, Sa u. So ab 9 Uhr | Hafenstr. 2 | Tel. 05141 8073190 | strandhaus-celle.de | Bus Nordwall/Neumarkt | €€ | Hehlentor | c2*

25 TAVERNA & TRATTORIA PALIO ★

Deinen neuen Lieblingsitaliener findest du im Althoff Hotel Fürstenhof Celle ➤ S. 96. Die Taverna & Trattoria Palio lädt dich mit authentischer italienischer Küche und einem regelmäßig wechselnden Menü aus verschiedenen Regionen auf eine Reise durch Bella Italia ein. Küchendirektor Holger Lutz und Küchenchef Mehmet Kaan Verdo begleiten dich! *Tgl. 18–21.30, Do–So zusätzlich 12–14 Uhr | Hannoversche Str. 55–56 | Tel. 05141 2010 | althoffcollection.com | Bus Celle Thaerplatz | €€€ | Altstadt | a6*

AUF DIE HAND

26 PIZZERIA MOLISE

Beim Vorbeigehen ins Pizzafenster geblickt… und schwups eine leckere Handpizza mitgenommen. Mach's wie die Celler und gönn dir ein Stück, während du die Stadt erkundest. *Mo–Sa 11–20 Uhr | Piltzergasse 4–5 | Tel. 05141 214421 | Facebook: Pizzeria-Molise | Bus Celle Schlossplatz/Museum | €€ | Altstadt | d4*

27 SAFT- UND SALATBAR

Gesundes Fast Food in nachhaltig?! Leckere frische Salate und Säfte (ganz ohne Einwegbehälter) sorgen für Genuss mit gutem Gewissen. Dose mitnehmen oder dort essen! *Mo–Fr 10–15 Uhr | Schuhstr. 51 | Tel. 05141 9783351 | Bus Celle Schlossplatz/Museum | € | Altstadt | d3*

SHOPPEN & STÖBERN

Shoppen in Celle heißt kurze Wege, viele kleine Ladengeschäfte und ganz große Leidenschaft!
In den Gassen der Altstadt warten in nahezu jeder Straße eine Reihe von Geschäften auf deinen Besuch – viele sind inhabergeführt und bieten die beste Beratung, die du dir vorstellen kannst. In der Bergstraße und am Großen Plan findest du Tür an Tür kleine Cafés und Einzelhändler mit großem Sortiment von feinen Delikatessen über Must-haves für dein Zuhause bis hin zu modischen Highlights. Ein Besuch im *Alten Provisor* und bei *HUTH'S Kaffee & Feinkost* gehört

Unbedingt shoppen in der zauberhaften Fundgrube Alter Provisor

zum Pflichtprogramm! Kreativ geht es in der Schuhstraße zu: Hier wird genäht, getöpfert und gemalt. Etwas ruhiger, aber nicht weniger spannend präsentiert sich die Neue Straße: Bei vielen Modegeschäften für jeden Anlass lohnt sich der kleine Abstecher allemal. Shopping in Celle ist bunt, vielfältig und manchmal wirklich überraschend. An jeder Ecke findest du eine neue, spannende Kleinigkeit, eine kreative Geschenkidee oder dein neues It-Piece. Lass dich durch die Fußgängerzone treiben, verweile in den niedlichen Läden und lass dich inspirieren von der großen Auswahl!

WO CELLE SHOPPT

SCHUHSTRASSE UND NEUE STRASSE

Junge Läden mit frischen Konzepten und Mittagessen direkt nebenan – besser geht's kaum!

MARCO POLO HIGHLIGHTS

★ **DETTMER + MÜLLER**
In gleich vier Standorten kann geshoppt und gestöbert werden. Der Klassiker in Celle! ➤ S. 58

★ **CELLER WOCHENMARKT**
Frisch und regional, ja bitte – ein Muss am Samstagmorgen! ➤ S. 59

★ **HUTH'S KAFFEE & FEINKOST**
Ein Ort für Genießer seit 1851 – feinster Kaffee und kostbare Delikatessen für dein Zuhause ➤ S. 60

★ **ZAPFHAHN**
Direkt vom Glasballon oder Eichenfass schmecken Weine, Whiskey und Gin besonders gut ➤ S. 61

★ **ALTER PROVISOR**
Geschäft und Kräuterlikör: Hinter dem Namen verbirgt sich ein kleines Wunderland ➤ S. 62

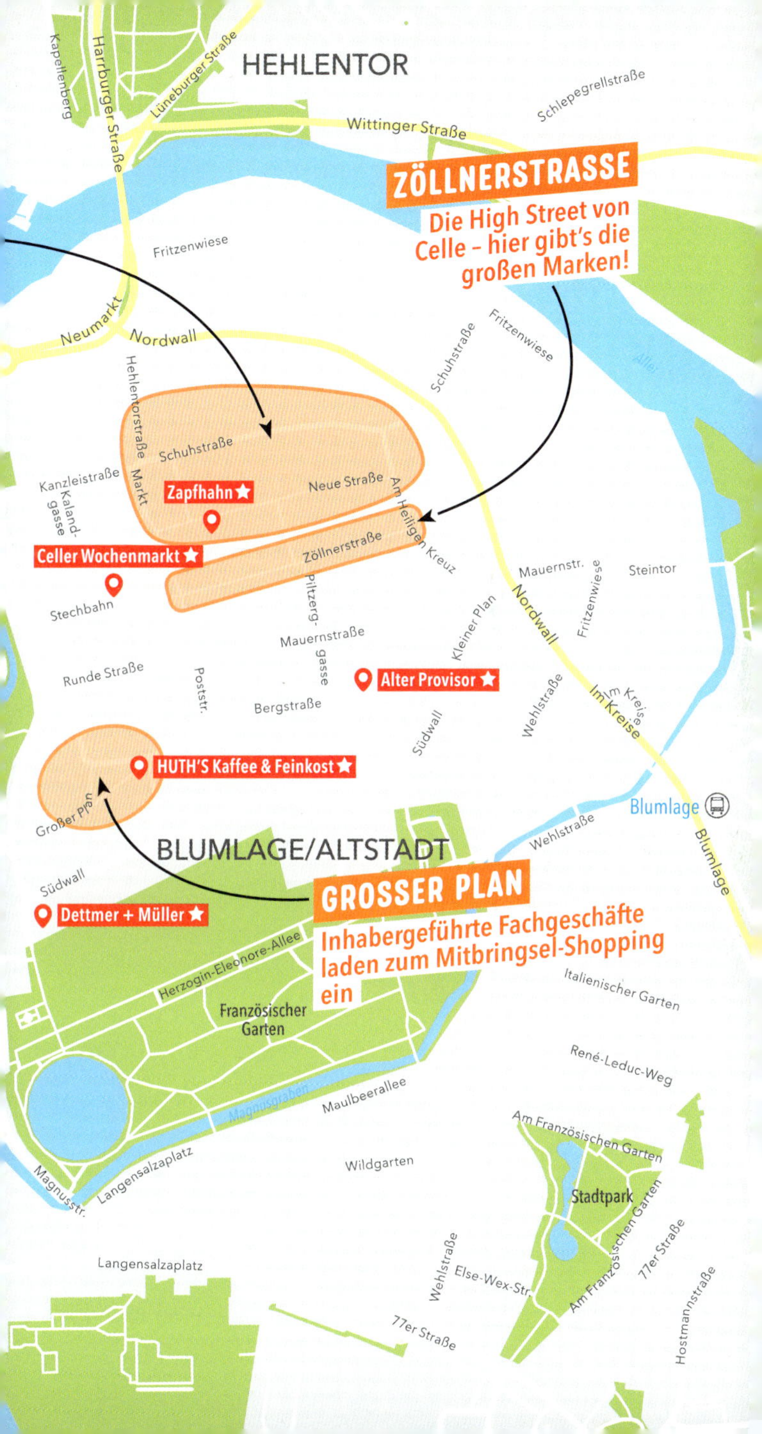
HEHLENTOR
Kapellenberg
Harburger Straße
Lüneburger Straße
Schlepegrellstraße
Wittinger Straße
ZÖLLNERSTRASSE
Die High Street von Celle – hier gibt's die großen Marken!
Fritzenwiese
Neumarkt
Nordwall
Hehlentorstraße
Schuhstraße
Fritzenwiese
Aller
Schuhstraße
Kanzleistraße
Kalandgasse
Markt
Zapfhahn
Neue Straße
Am Heiligen Kreuz
Zöllnerstraße
Celller Wochenmarkt
Stechbahn
Pilzergasse
Mauernstr.
Fritzenwiese
Steintor
Mauernstraße
Kleiner Plan
Nordwall
Runde Straße
Poststr.
Bergstraße
Alter Provisor
Wehlstraße
Im Kreise
Im Kreise
Südwall
HUTH'S Kaffee & Feinkost
Blumlage
Großer Plan
Wehlstraße
Blumlage
BLUMLAGE/ALTSTADT
GROSSER PLAN
Südwall
Dettmer + Müller
Inhabergeführte Fachgeschäfte laden zum Mitbringsel-Shopping ein
Herzogin-Eleonore-Allee
Italienischer Garten
Französischer Garten
René-Leduc-Weg
Maulbeerallee
Magnusgraben
Am Französischen Garten
Wildgarten
Magnusstr.
Langensalzaplatz
Stadtpark
Am Französischen Garten
77er Straße
Wehlstraße
Else-Wex-Str.
Langensalzaplatz
Hostmannstraße
77er Straße

GUT ANGEZOGEN

1 BOUTIQUE 11

Eine kleine, süße Boutique wie im Bilderbuch – in einem Fachwerkhaus mitten in der Innenstadt. Außergewöhnliche Teile und ansprechende Kleider warten nur darauf, von dir getragen zu werden. Zeit für ein neues Outfit! *Mo–Fr 10–18, Sa 10–16 Uhr | Großer Plan 11 | Facebook: Boutique 11 | Bus Celle Schlossplatz | Altstadt | d5*

2 DETTMER + MÜLLER ★

Das Celler Urgestein gibt es seit 1949! In gleich vier verschiedenen Modehäusern wird im großen Stil geshoppt: Das *Herrenhaus (Westcellertorstr. 1)* liegt nahe dem Hauptstandort *Damenhaus*. Das *Wäschehaus (Am Heiligen Kreuz 26)* und der wunderschön renovierte *Marstall Männer Mode (Schlossplatz 13)* sind ebenfalls einen Abstecher wert. *Mo–Fr 10–18.30, Sa 10–18 Uhr | Westcellertorstr. 6 | dettmer-mueller.de | Bus Celle Schlossplatz | Innenstadt | c5*

WOHIN ZUERST?

Dein Samstag startet mit einem Besuch auf dem Celler Wochenmarkt. Von hier aus geht's weiter in die verwinkelten Gassen der Altstadt: Ein buntes Angebot an Geschäften und viele versteckte Schätze findest du in der Neuen Straße und auf dem Großen Plan. Wichtig ist der Abstecher zum Alten Provisor in der Bergstraße!

3 FROTTEE LÄDCHEN

Untendrunter schön: Hier gibt's stylishe Bademode und feine Wäsche, so weit das Auge (oder das Portemonnaie) reicht. Bei kompetenter und freundlicher Beratung findest du von Spitze bis sportlich das perfekte Stück für jeden Anlass. *Mo–Fr 10–18, Sa 10–16 Uhr | Neue Str. 9 | frottee-ladchen.business.site | Bus Celle Schlossplatz | Altstadt | d3*

4 HERRENZIMMER

Männliche Garderobe von der Mütze bis zum Schuh. Im Unterschied zu anderen Herrenausstattern ist der Stil hier ein wenig rauer und ursprünglicher, die Beratung dagegen herzlich und großartig. Auch für Damen gibt's eine kleine, aber feine Auswahl an Lieblingsstücken. *Di–Fr 10–13 u. 14.30–18, Sa 10–15 Uhr | Neue Str. 28 | herrenzimmer-celle.de | Bus Celle Schlossplatz | Altstadt | d4*

5 HUT- UND FILZWERKSTATT

Ein guter Hut tut gut! Ob für besondere Anlässe, als Sonnenschutz oder einfach so – die passende Kopfbedeckung findest du hier. Hutmacherin Ernestine Terres fertigt kreative und künstlerisch anspruchsvolle Hüte, auf Wunsch auch nach Maß. Mut zum Hut! *Mo–Fr 11–13 Uhr | Nordwall 59 | de | filzwerkstattcelle.de | Bus Nordwall/Neumarkt | Altstadt | d3*

6 KIRSCH FASHION

Stylishe Every-Day-Looks, Schuhe und Accessoires gibt es bei Inna, die bei einer individuellen Stilberatung jeder Dame zu mehr Selbstbewusstsein ver-

Beliebt und gut besucht: der Celler Wochenmarkt

hilft. Service und Angebot sind klasse, im Onlineshop kannst du später auch von zu Hause einkaufen. Perfekt! *Mo–Sa 10–18 Uhr | Großer Plan 5 | kirsch-fashion.de | Bus Celle Schlossplatz |* Altstadt | d5

7 SCHAF UND SCHÖN

Auf dem eigenen Bauernhof mit 300 Schafen und Hofladen fing alles an, mittlerweile ist das Sortiment von *Schaf und schön* gewachsen und wird in drei Filialen in drei Städten verkauft. Neben moderner Naturmode für Damen (verschiedene Marken) findest du hier auch Decken und Felle, Accessoires, Handtaschen sowie Baby- und Kinderkleidung – garantiert fair produziert und schadstofffrei. *Mo, Di, Do, Fr 11–18, Mi 10–18, Sa 11–14 Uhr | Mauernstr. 39 | schaf-und-schoen.de | Bus Nordwall |* Innenstadt | e4

FRISCH & LECKER

8 ACHENBACH WEINE

Zugegeben: Celle hat viel zu bieten, sein Ruf als Weinstadt ist aber ausbaufähig ... Diese kleine familiengeführte Weinhandlung ist angetreten, um die Celler für feine Tropfen zu begeistern – mit durchschlagendem Erfolg. Probieren, genießen, mitnehmen! *Do u. Fr 14–18, Sa 10–14 Uhr | Fuhrberger Str. 181 | weingut-achenbach.de | Bus Waldfriedhof |* Heese | C8

9 CELLER WOCHENMARKT ★

Vom Alten Rathaus auf die Stechbahn neben der Kirche St. Marien bis zum Schlossplatz: 2-mal pro Woche lockt der Markt mit Ständen und Marktwagen voller saisonaler und regionaler Köstlichkeiten. Hier triffst du die Celler in ihrer natürlichen Umgebung!

01.04.–31.10. Mi u. Sa 7–13.30, 01.11.–31.03. Mi u. Sa 8–13.30 Uhr | Bus Celle Schlossplatz | Altstadt | c4

10 DIE LOSEREI

Unverpackt schmeckt's besser: regionale Produkte und Lebensmittel einfach abfüllen, abwiegen und grammgenau abrechnen. Bring Tüten und Dosen mit, dann kann dein Einkauf starten! *Di–Fr 10–18, Mi ab 7, Sa 10–14 Uhr | Mauernstr. 24 | dieloserei.de | Bus Celle Schlossplatz | Altstadt | e4*

11 FISCHEREIBETRIEB NÖLKE

Seit über 200 Jahren holt Nölke die dicksten Fische aus der Aller! Zu Beginn wurde an französische Soldaten verkauft, mittlerweile wird der Betrieb in der 7. Generation geführt und ist eine feste Größe im kulinarischen Leben der Stadt. Aale und Forellen (je nach Saison auch Karpfen und Schleie) werden traditionell im Steinofen geräuchert und zum Wochenende an der Aller verkauft. *Fr 9–18, Sa 9–13 Uhr | Fritzenwiese 51 | noelkesfisch.de | Bus Nordwall | Altstadt | f3*

12 HUTH'S KAFFEE & FEINKOST ★

INSIDER-TIPP
Geh nicht ohne!

Die erste Adresse für kulinarische Mitbringsel aus Celle! Kaffee, Feinkost und Schokolade haben hier eine lange Tradition: Seit 1851 produziert und ver-

Die Sinne schlagen Purzelbäume bei HUTH'S Kaffee & Feinkost

kauft Huth Köstlichkeiten aus aller Welt. Bis heute wird im Hinterhaus nach traditioneller Art selbst geröstet – das riecht und schmeckt man. Genuss für alle Sinne! *Mo–Fr 9–18, Sa 9–17 Uhr | Großer Plan 7 | huthskaffee.de | Bus Celle Schlossplatz/Museum | Altstadt | d5*

13 MARCHELLE – DER KLEINE MARKTPLATZ

Einkaufen, genießen und verweilen – getreu diesem Motto verbringst du hier eine halbe Ewigkeit. Regionale Produkte wie Salami, Honig, Kaffee und Wein sowie kreative Geschenke lassen dein Genießerherz höherschlagen. Ein Ort voller Köstlichkeiten! *Mo–Fr 9.30–18, Sa 9.30–16 Uhr | Mauernstr. 18 | marchelle.de | Bus Celle Schlossplatz | Altstadt | e4*

14 ZAPFHAHN ★

25 Jahre Tradition direkt vom Glasballon oder aus dem Eichenfass. Frisch abgefüllt bekommst du edle Liköre und Brände sowie delikate Essige und Öle. Wer mehr Zeit hat, bleibt zur Weinverkostung mit spanischen Tapas im rustikalen Innenhof. *Mo–Fr 10–18, Sa 10–16 Uhr | Neue Str. 35 | zapfhahn-celle.de | Bus Celle Schlossplatz | Altstadt | d4*

DIES & DAS

15 ACH WIE FEIN

Hier schlagen Elternherzen höher! Der Family Concept Store glänzt mit einer fantastischen Auswahl an Produkten und Kleidung für Babys und Kinder von 0 bis 8 Jahren. Spielwaren, Lifestyleprodukte, Kinderbücher, Accessoires, Tableware, Kinderzimmerdekoration, tolle Geschenkideen zu Geburt, Taufe, Geburtstagen und vieles mehr! Auch Stoffe und eigens produzierte Einzelstücke (auf Anfrage) gibt's hier zu kaufen. *Mo–Fr 9–16, Sa 10–15 Uhr | Bergstr. 48 | achwiefein.de | Bus Celle Schlossplatz | Altstadt | d5*

16 ALLERNIXE

Schöne Papierwaren, hochwertige Schreibgeräte, kreative Geschenke und Printprodukte, stilvolle Wohnaccessoires sowie eine handverlesene Auswahl an Schmuck und Delikatessen – wenn du ein Herz für Ästhetik hast, schlägt es hier definitiv höher.

Di–Fr 10–13 u. 14–18, Sa 10–15 Uhr | Schuhstr. 47 | allernixe.de | Bus Celle Schlossplatz | Altstadt | d3

17 ALTER PROVISOR

Von purem Design bis zur natürlichen, rustikalen Schönheit eröffnet sich hier eine kleine, verwinkelte Welt aus Inspiration und Geschenkideen. Wohn- und Deko-Accessoires, Handgefertigtes, Raritäten und Unikate – ein Ladenrundgang wie eine Schatzsuche! Ein MUSS ist der *Alte Provisor*. Der traditionsreiche Kräuterlikör nach altem Rezept der Ratsapotheke ist hier erhältlich. Von Schluckauf bis Grippe, die Celler nutzen ihren Provisor für fast jedes Zipperlein. *Di–Fr 10–18, Sa 10–16 Uhr | Bergstr. 12 | alterprovisor-celle.de | Bus Celle Schlossplatz/Museum | Altstadt | e5*

INSIDER-TIPP
Der Tropfen, der alles kann!

18 'S FACHL

Produzierst du noch oder verkaufst du schon? Regionale Kleinerzeuger haben hier die Chance, ihre Produkte anzubieten. Kunsthandwerk, Modisches, Leckeres – das Sortiment wechselt, lass dich überraschen! *Mo–Fr 10–18, Sa 10–16 Uhr | Großer Plan 12 | fachl.at | Bus Celle Schlossplatz/Museum | Innenstadt | d5*

19 FAIRKAUF-CENTER

Inklusion im Alltag beim Kauf von Secondhandmöbeln und Alltagsdingen: Das Integrationsunternehmen beschäftigt schwerbehinderte Menschen und lässt sie am Arbeitsleben teilhaben. Gut für Mensch und Umwelt! *Mo–Fr 10–18, Sa 10–14.30 Uhr | Rundestr. 2 | fairkauf-center.de | Bus Celle Schlossplatz | Altstadt | d4*

20 KERAMIKWERKSTATT ANNETTE DANNHUS

Schon mal einer Meisterin beim Töpfern zugesehen? Nein? Dann auf zu Annette! Kostbare Unikate aus Keramik suchen neue Besitzer. Geschirr geht ja immer, oder? *Di–Fr 11–17, Sa 10–16 Uhr | Schuhstr. 27 | dannhuskeramik.de | Bus Celle Schlossplatz | Altstadt | e3*

21 LEBENSART

Kleines Geschäft mit großem Sortiment: Ob Schmuck, Geschenke, Düfte, Taschen oder Accessoires, hier gehst du nicht mit leeren Händen. Lass die schönen Dinge in dein Zuhause! *Mo–Fr 10–18, Sa 10–16 Uhr | Neue Str. 25 a | lebensart-shop.com | Bus Celle Schlossplatz | Altstadt | d3*

22 STERNKOPF & HÜBEL GMBH

Bücher, Geschenke und ganz viel Leidenschaft für Gedrucktes findest du in den Räumlichkeiten dieser inhabergeführten Buchhandlung. Du weißt nicht, was du suchst? Das Personal kennt seinen Bücherdschungel aus dem Effeff! *Mo–Fr 10–18, Sa 10–15 Uhr | Neue Str. 11 | buchhandlung-celle.de | Bus Celle Schlossplatz | Altstadt | d3*

SCHÖNER WOHNEN

23 DIFFERENT

Außergewöhnliche Möbel, Skulpturen, Lampen und Einrichtungsideen –

Name = Motto: Bei different gibt's etwas andere Wohnaccessoires

bei different wird das Wohnen neu gedacht. Die Inhaber sind immer auf der Suche nach besonderen Stücken, von der Stange gibt's hier nichts! Der hübsche Laden mitten in der City beweist, dass große Ideen auch auf kleinem Raum entstehen können. Inspiration voraus! *Mi–Fr 11–17, Sa 10–16 Uhr | Brandplatz 1 a | different1a.de | Bus Nordwall | Altstadt | d3*

24 GAJAH

Ein zauberhaftes Lädchen zum Stöbern und Lieblingsstücke-Finden. Was macht dein Leben schöner? Hübsche Möbel, Deko, Schmuck, Räucherstäbchen, Kaffee, Elefanten? Alles da! Die Produkte kommen aus Indonesien, Thailand, Indien, Marokko und vielen anderen Ländern der Welt. Verwöhne deine Sinne vor Ort und nimm mit, was du zu Hause haben möchtest. *Mo–Fr 10–18 Uhr | Schuhstr. 23 | gajah.de | Bus Nordwall | Altstadt | e3*

25 MIRIS

Shabby Chic, skandinavisches Wohndesign, French Vintage, Nordic Style: Einzigartige Wohnaccessoires für jede Jahreszeit wollen bei dir einziehen. Platz im Auto? Vielleicht passt ein schickes Landhausmöbel rein! *Mo 15–18, Di–Fr 10–18, Sa 10–16 Uhr | Alt Groß Hehlen 2 | miris-celle.de | Bus Groß Hehlen Thingplatz | Groß Hehlen | 0*

AUSGEHEN & FEIERN

Urige Kultkneipen treffen auf modische Bars und eine fast schon großstädtisch anmutende Theaterkultur: Die Dichte an Lokalen und Kulturangeboten in der Celler Innenstadt ist beeindruckend.

Dank besonders kurzer Wege bleibt dir die Qual der Wahl, deinem Lieblingsschuppen bis zum Morgen die Treue zu halten oder die Theke deines Vertrauens ein oder mehrere Male zu wechseln. Falls du bisher kein leidenschaftlicher Theaterbesucher warst, wird sich deine Meinung nach einem Besuch der vier Spielstätten des sehr

Schwungvoll aufs Parkett im schicken Stadtpalais

alten und sehr besonderen Schlosstheaters (seit 1674 wird hier gespielt!) ändern. Ob klassische Werke auf der Hauptbühne, intim im Schlossturm, Open-Air-Theater an lauen Sommerabenden oder Produktionen der Jungen Bühne – hier findest du das Stück, das zu Lust, Laune und Muße passt. Schnapp dir deine Karten, bevor es die Einheimischen tun! Lust auf einen gemütlichen Filmabend? Dann auf ins Kino: Ob Blockbuster oder kleine Independent-Produktionen, auch auf den Celler Leinwänden geht es bunt und abwechslungsreich zu. Bühne frei für dein Abendprogramm!

WO CELLE AUSGEHT

MARCO POLO HIGHLIGHTS

★ **CELLE – WAS GEHT?! DIE BAR**
Entspannt beisammensitzen oder das Tanzbein schwingen: Du entscheidest, die Bar passt sich an ➤ S. 68

★ **WINKLERS LOUNGE**
Golden Dreams, Americano, New York und Manhattan bringen die große, weite (Cocktail-)Welt nach Celle ➤ S. 69

★ **CD-KASERNE**
Kultur ohne Ende: Eines der größten Kultur- und Veranstaltungszentren Norddeutschlands lädt ein! ➤ S. 69

★ **KINO ACHTEINHALB**
Kleine Produktionen auf großer Leinwand mit anschließender After-Movie-Diskussion ➤ S. 70

★ **SCHLOSSTHEATER**
Theaterhochkultur im barocken Schlossambiente seit 1674 – nicht verpassen! ➤ S. 71

★ **STADTHALLE CONGRESS UNION**
Tolle Halle, tolle Formate – der Veranstaltungskalender kann sich sehen lassen! ➤ S. 71

HEHLENTOR
Münzstraße
Georg-Wilhelm-Straße
Harburger Straße
Gartenweg
Hartzerstraße
Braunhirschstraße
Lüneburger Straße
Rauhe Straße
Berggartenstraße
Halkettstraße
Halkettstraße
Otto-Palm-Straße
Prinzengarten
Schlepegrellstraße
Spangenbergstraße
Clemens-Cassel-Straße
Altenhäger Kirchweg
Albert-Schweitzer-Str.
Robert-Koch-Str.
Celle - Was geht?! Die Bar
Wittinger Straße
Neumarkt
Fritzenwiese
SCHUHSTRASSE UND NEUE STRASSE
Kneipen-Hopping und Kino in der nördlichen Altstadt
Nordwall
Schuhstr.
Winklers Lounge
Neue Straße
A. Heiligen Kreuz
Markt
Zöllnerstraße
Stechbahn
Poststraße
Mauern- straße
Piltzergasse
Kleiner Plan
Steintor
Aller
Philipp-Simon-Dawosky-Allee
Bergstraße
Großer Plan
Im Kreise
Herzog-Ernst-Ring
Blumlage
Südwall
Wehlstraße
BLUMLAGE/ ALTSTADT
Sankt-Georg-Straße
Herzogin-Eleonore-Allee
Französischer Garten
Magnusgraben
Italienischer Garten
Blumlage
Maulbeerallee
Am Französischen Garten
Wildgarten
Stadtpark
Blumjäger Kirchweg
Jänickestraße
Mestwartstraße
Langensalzaplatz
CD-KASERNE
Live und in Farbe – hier geben sich große Künstler die Klinke in die Hand!
Brunkhorststraße
Herzog-Ernst-Ring
Fuhse
Reitbahn
Kino Achteinhalb
CD-Kaserne
Sankt-Georg-Garten
Burgstraße
Sankt-Georg-Garten
Blumlage
200 m
219 yd
Im Werder

BARS & KNEIPEN

1 BEKKISBAR

Von Longdrinks über Cocktails bis zum Champagner, hier findest du deine Begleitung für den Abend. Bei bester Stimmung und Musik von erfahrenen DJs vergeht die Nacht ruckzuck. Deinen Heimweg trittst du wahrscheinlich erst im Morgengrauen zum ersten Vogelzwitschern an. *Mi–Fr ab 18 Uhr, Sa ab 19 Uhr | Schuhstr. 11 | bekkisbar.de | Bus Celle Schlossplatz/Museum | Altstadt | 🕮 d3*

2 CELLE – WAS GEHT?! DIE BAR ★

Die Bar für jede Gemütslage! In verschiedenen Räumen genießt du deinen Abend: Magst du es ruhig und entspannt? Dann auf ins Sofa-Zimmer! Party gibt's an der Bar oder im Außenbereich. Sportlich Ambitionierte kickern im Hinterzimmer. Viel zu tun – gut, dass lange geöffnet ist! *Di–Do 18–23, Fr–Sa 18–2 Uhr | Torplatz 2 | Facebook: Celle – Was geht? DIE BAR | Bus Celle Schlossplatz/Museum | Norden | 🕮 c2*

WOHIN ZUERST?

In der Innenstadt angekommen, stehen dir alle Möglichkeiten offen: Starte deinen Abend mit einem Streifzug durch verschiedene Bars und teste dich durch die Cocktail-, Bier- und Weinkarten. Irgendwann musst du dich entscheiden: Entweder du bleibst oder du ziehst weiter zum Schlosstheater oder in die andere Richtung ins Kino. Für Unterhaltung ist gesorgt!

3 KLEINE APOTHEKE

Diese Bar ist so nett und klein, wie der Name klingt. Bei guter Stimmung, besserem Bier und noch besserer Atmosphäre verbringst du deinen Abend in einem Fachwerkhäuschen in der Innenstadt. Manche sagen: der Idealtyp einer norddeutschen Bar! *Mo–So 10–0 Uhr | Runde Str. 12 | Facebook: Kleine Apotheke | Bus Celle Schlossplatz/Museum | Altstadt | 🕮 d4*

4 PRANGERSCHÄNKE

Leckere Weine, kaltes Bier, der Premiumblick auf die Stechbahn und vorbeiflanierende Städter … Auf der Terrasse der Prangerschänke im Alten Rathaus lässt sich so ein Sommerabend wirklich gut aushalten! *Mo, Di, Do, Fr 11–22, Mi u. Sa 10–22 Uhr | Markt 14–16 | Facebook: Prangerschänke-Celle | Bus Celle Schlossplatz/Museum | Altstadt | 🕮 d4*

5 STADTPALAIS CELLE

Den Abend an einem heißen Sommertag unter den Schirmen auf Bierzeltgarnituren und Palettensofas ausklingen lassen – gibt's was Besseres?! Der Biergarten liegt direkt neben dem Stadtpalais, an dessen Stuckverzierungen man sich kaum sattsehen kann. Wenn die Sonne untergegangen ist und die vielen Lichterketten leuchten, wird es romantisch! *Mo 12–17, Di–Do 17–22, Fr 17–0, Sa 15–0 u. So 12–22 Uhr | Langensalzaplatz 1 | stadtpalais-celle.de | Bus Celle Thaerplatz | Altstadt | 🕮 e7*

Schnuckelig: die Kleine Apotheke

6 TÄGLICH

...aber nicht alltäglich! Passender könnte ein Slogan gar nicht sein. Ob Frühstück, Mittag- und Abendessen oder After Work: Hier wirst du nicht nur täglich, sondern von früh bis Mitternacht willkommen geheißen. An verschiedenen Standorten – eben auch in Celle – machst du dir selbst ein Bild davon. *Mo–Sa 11–0 Uhr | Zöllnerstr. 31 | Instagram: taeglich.celle | Bus Celle Schlossplatz/Museum | Altstadt | e4*

7 WINKLERS LOUNGE ★

Berlin, New York, Celle! Die Bar kann ohne Probleme mit den Szene-Locations der Großstädte mithalten. In ausgefallenen Gläsern werden dir deine Drinks an den Tisch gebracht. Happy Hour ist von 17 bis 20 Uhr. Auf Anfrage bekommst du hier übrigens den besten Mango-Margarita. *Mi–Do 17–1, Fr–Sa 17–3 Uhr | Schuhstr. 44 | Facebook: Winklers Lounge | Bus Celle Schlossplatz/Museum | Altstadt | d3*

INSIDER-TIPP
Geheime Drinks!

CLUBS & KONZERTE

8 CD-KASERNE ★

Konzerte, Partys, Comedy, Theater, Lesungen ... Die CD-Kaserne ist eines der größten Jugend- und Veranstaltungszentren Norddeutschlands. Auf dem ehemaligen britischen Kasernengelände geben sich die großen Künstler die Klinke in die Hand. Auch außerhalb der Eventhallen wird viel geboten: Skatepark und Streetballplatz sind frei nutzbar, auf den Flächen der Urban Art „Hall of Fame" zeigen Graffitikünstler, was sie drauf haben, eine Picknickfläche lädt zum Chillen ein. Mit dem Jugendtreff „Haus 7" wurde hier außerdem ein Ort geschaffen, an dem Jugendliche verschiedener Altersstufen zusammenkommen und gemeinsam Spaß haben, Sport machen – oder auch Hausaufgaben. Schau dir das Programm auf der Homepage an und finde dein Event. *Hannoversche Str. 30 b | cd-kaserne.de | Bus Celle Schwedenbrücke | Südliche Innenstadt | K7*

9 INKOGNITO

Voll, voller, Inkognito. Auf zwei Etagen wird zu Techno- und Hip-Hop-Beats gefeiert. Die in regelmäßigen Abständen stattfindenden 90er- und 2000er-Partys sind ein Muss für Party Animals.

Zusätzlich finden regelmäßig Events und Konzerte mit Stars und Sternchen der deutschen Musikkultur statt. *Fr–Sa 22–6 Uhr | Zur Fuchsfarm 1 | inkognito-celle.de | Bus Celle Jugenddorf/B 3 | Süden | 0*

KINO

10 KAMMER LICHTSPIELE

Wer das Kino nicht ehrt, ist den Film nicht wert! Blockbuster und das aktuelle Kinoprogramm werden hier vorgestellt. An jedem Wochentag stehen spannende, herzergreifende oder witzige Stunden auf dem Programm. Montags ist Kammer Sneak. Hier siehst du Topfilme schon Wochen vor dem offiziellen Bundesstart. Was genau gezeigt wird, wird im Vorhinein nicht verraten. Kein Kettenkino, sondern ein traditionelles Haus mit Herz! *Neue Str. 14 | kammerlichtspiele-celle.de | Bus Celle Schlossplatz/Museum | Altstadt | e3*

INSIDER-TIPP
Kino für Mutige!

11 KINO ACHTEINHALB ★

Keine Lust auf Superhelden? Abseits vom Mainstream erwarten dich in dem kleinen, kultigen Lichtspielhaus Filme, die du nicht auf der großen Leinwand vermutet hättest. Independent-Produktionen aus aller Welt bekommen hier ihre Bühne. Bleib doch nach der Vorstellung etwas länger und beteilige dich an den spannenden Diskussionen im Anschluss! *Han-*

Spannend und modern, kreativ und bunt: Inszenierung im Schlosstheater

noversche Str. 30 F | kino-achteinhalb.de | Bus Celle Schwedenbrücke | Altstadt | K6

THEATER UND KULTUR

12 HALLE 19

Die im Januar 2015 eröffnete Spielstätte auf dem Gelände der CD-Kaserne gehört zum Schlosstheater und bietet Raum für moderne Inszenierungen, Workshops, Kinder- und Jugendtheater sowie spannende Regiekonzepte. Die Atmosphäre ist locker und du bist hautnah dran am Bühnengeschehen. *Hannoversche Str. 30 | schlosstheater-celle.de | Bus Celle Schwedenbrücke | Südliche Innenstadt | K7*

13 KUNST & BÜHNE

Bühnenkunst mit Clubatmosphäre – was großstädtisch klingt, ist in Celle längst angekommen. Der gemeinnützige Verein „Kunst & Bühne" hat sich der kulturellen Vielfalt und der Förderung des künstlerischen Nachwuchses verschrieben und sorgt mit bunten Programmen für Leben in der Kulturszene der Stadt. Auf dem Programm stehen Theater- und Musikevents, Lesungen, Gesprächsrunden und Impro-Abende, bei denen du selbst die Bühne erobern darfst. Traust du dich? *Nordwall 46 | kunstundbuehne.de | Bus Nordwall/Neumarkt | Altstadt | e3*

14 SCHLOSSTHEATER ★

Mit der Erneuerung und Barockisierung des Celler Schlosses entstand auch das Hoftheater, also schon im Jahr 1674! Es gehört damit zu den ältesten regelmäßig bespielten Theatern mit einem eigenen Ensemble. Ein Besuch gehört definitiv zu den Dingen, die du in Celle nicht verpassen solltest! Hoch oben, im zweiten Stock des Residenzschlosses, finden bis zu 300 Theaterfans einen Platz. Im Erdgeschoss warten zwei weitere, besonders intime Aufführungsorte: die Studiobühnen Malersaal und die Turmbühne. Die kleineren Spielstätten sind wie geschaffen für feingeistige Monologe, scharfsinnige Dialoge, experimentelle Formate und Kindervorstellungen. Von Juni bis August wird auch open air gespielt: Beim Sommertheater im Schlossinnenhof versüßen aufregende Inszenierungen die lauen Abende. Rechtzeitig Tickets sichern! *Schlossplatz 1 | schlosstheater-celle.de | Bus Celle Schlossplatz/Museum | Innenstadt | b4*

15 STADTHALLE CONGRESS UNION ★

Mitten in der City schafft die Congress Union unvergessliche Erlebnisse. Ob Konzert oder Musical, Comedy, Ü30-Party, Puppentheater, Messen oder internationale Kongresse – die Organisation ist perfekt, die Veranstaltungstechnik auf dem neuesten Stand und als Gast bist du hier wirklich gern gesehen (und das schon seit 1909!). Rund 3000 Personen passen rein, Parkplätze gibt's unter der Halle, und um zu Thaers Wirtshaus ➤ S. 52 zu gelangen, muss du nicht einmal das Gebäude verlassen. Sehr praktisch! *Thaerplatz 1 | congress-union-celle.de | Bus Celle Union | Innenstadt | b6*

SÜDHEIDE

Celle ist das südliche Tor zur Lüneburger Heide. Die schier endlosen Heideflächen am Wietzer Berg, die Misselhorner Heide oder die Oberoher Heide bei Müden (Örtze) erreichst du mit dem Auto in unter einer Stunde. Zeit für einen Abstecher!

Kaum aus der Stadt hinausgefahren, erzählt die Vergangenheit ihre Geschichten: In Winsen (Aller) unternimmst du eine Zeitreise und erlebst das bäuerliche Leben auf einem Heidehof aus dem 18./19. Jh. Der Ort Wietze wird nicht umsonst „Klein-Texas" genannt – hier liegt die Wiege der Erdölindustrie! Darf's ein bisschen Natur sein?

Heideromantik pur mit Heidschnuckenherde und Schäfer

Bei einem Spaziergang um die Meißendorfer Teiche kommt die Seele zur Ruhe. Wenige Kilometer nördlich liegt Müden (Örtze). In dem romantischen Örtchen gibt's richtig viel zu sehen und die beste Torte weit und breit. Im Naturpark Südheide erwarten dich viel besungene Heideflächen und das flauschige Wappentier der Region, die Heidschnucke. Hast du Zeit für ein Rendezvous? In die spannenden Orte südlich von Celle kommst du am besten mit dem Rad: Über den Aller-Radweg erreichst du das Kloster in Wienhausen oder einen Flohmarkt, zu dem Großstädter von weit her anreisen.

SÜDHEIDE

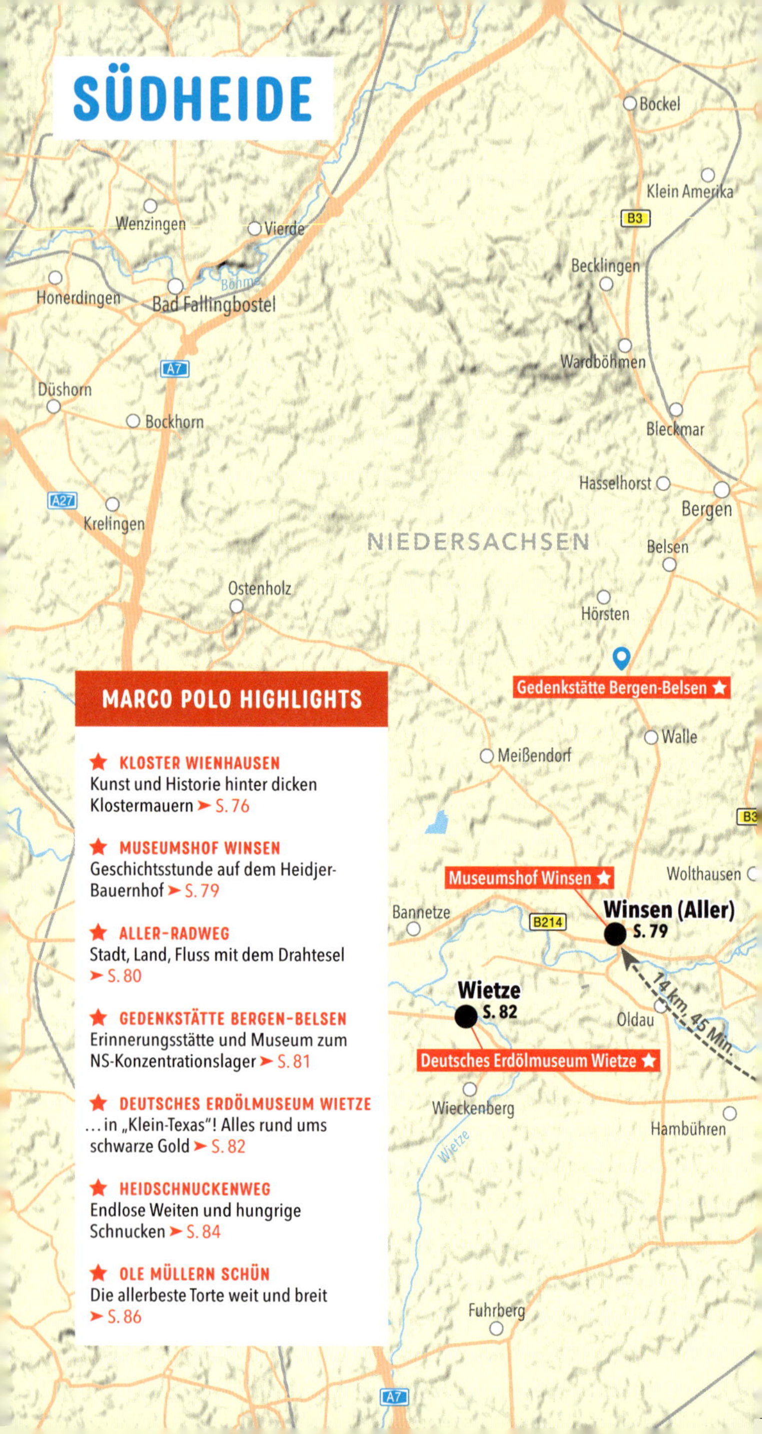

MARCO POLO HIGHLIGHTS

★ **KLOSTER WIENHAUSEN**
Kunst und Historie hinter dicken Klostermauern ➤ S. 76

★ **MUSEUMSHOF WINSEN**
Geschichtsstunde auf dem Heidjer-Bauernhof ➤ S. 79

★ **ALLER-RADWEG**
Stadt, Land, Fluss mit dem Drahtesel ➤ S. 80

★ **GEDENKSTÄTTE BERGEN-BELSEN**
Erinnerungsstätte und Museum zum NS-Konzentrationslager ➤ S. 81

★ **DEUTSCHES ERDÖLMUSEUM WIETZE**
... in „Klein-Texas"! Alles rund ums schwarze Gold ➤ S. 82

★ **HEIDSCHNUCKENWEG**
Endlose Weiten und hungrige Schnucken ➤ S. 84

★ **OLE MÜLLERN SCHÜN**
Die allerbeste Torte weit und breit ➤ S. 86

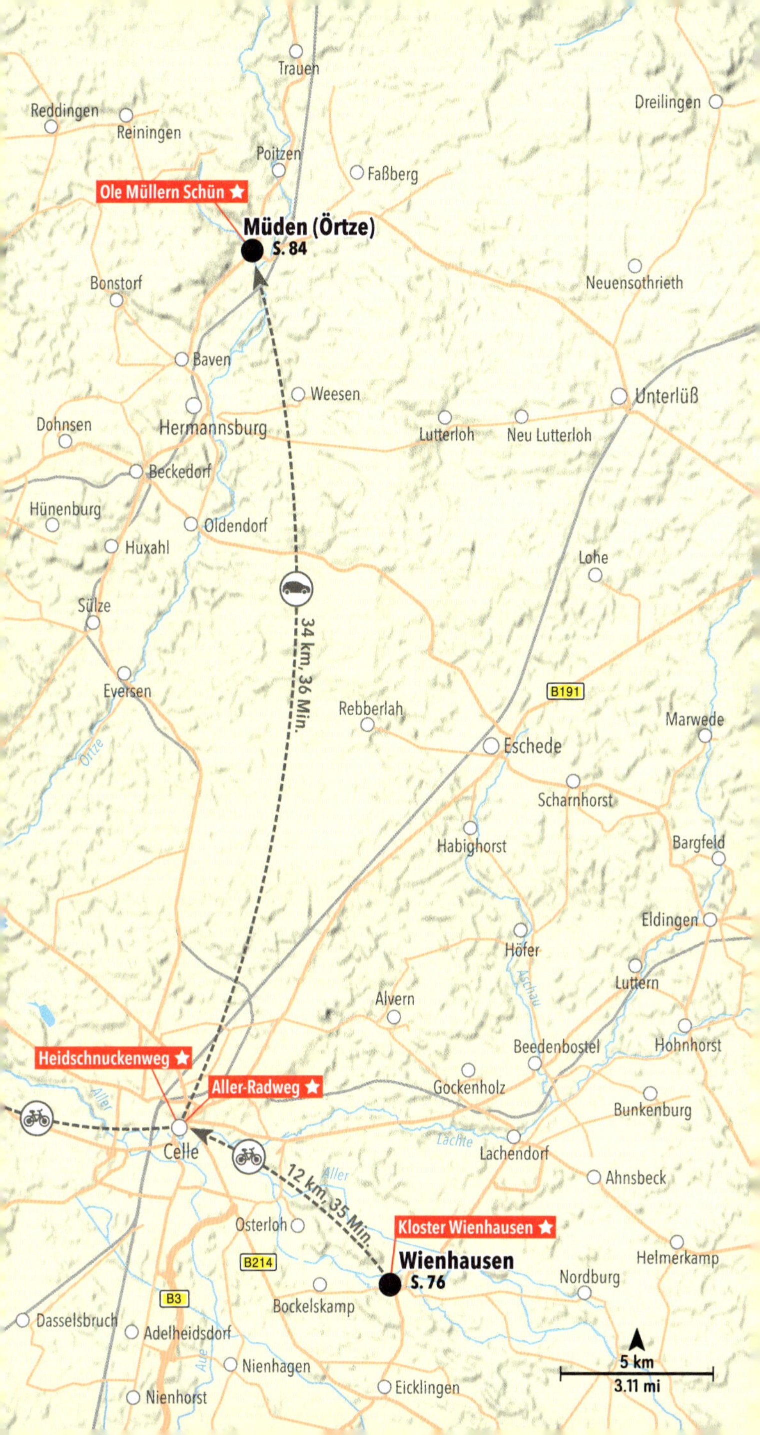

Trauen
Reddingen
Reiningen
Dreilingen
Poitzen
Faßberg
Ole Müllern Schün
Müden (Örtze)
S. 84
Bonstorf
Neuensothrieth
Baven
Weesen
Unterlüß
Dohnsen
Hermannsburg
Lutterloh
Neu Lutterloh
Beckedorf
Hünenburg
Oldendorf
Huxahl
Lohe
Sülze
34 km, 36 Min.
Eversen
B191
Rebberlah
Marwede
Örtze
Eschede
Scharnhorst
Habighorst
Bargfeld
Eldingen
Höfer
Aschau
Luttern
Alvern
Hohnhorst
Beedenbostel
Heidschnuckenweg
Aller-Radweg
Gockenholz
Aller
Bunkenburg
Celle
Lachte
Lachendorf
12 km, 35 Min.
Aller
Ahnsbeck
Osterloh
Kloster Wienhausen
Wienhausen
S. 76
Helmerkamp
B214
Nordburg
B3
Bockelskamp
Dasselsbruch
Adelheidsdorf
Aue
Nienhagen
5 km
3.11 mi
Eicklingen
Nienhorst

WIENHAUSEN

(▯ 0) **Der Beiname „Klostergemeinde" deutet schon darauf hin, wie der Hase in Wienhausen läuft. Durch den Klostergarten! Fast wirkt es, als sei der Ort um die imposante Klosteranlage nur Beiwerk.**

Doch ein Spaziergang mit Café-Stopp und Ausflüge in die nähere Umgebung lohnen sich, es gibt viel altes Fachwerk und hübsche kleine Gassen zu sehen. Vor allem die St. Marienkirche, der Glockenturm, das alte Rathaus (ehemals Wassermühle), das Trauhaus und die Blasek-Eiche sind einen Abstecher wert. Eine Möglichkeit, Wienhausen zu entdecken, bietet der 90-minütige geführte Ortsrundgang „1000 Schritte durch Wienhausen" *(Infos und Buchung: kulturkreis-wienhausen.de)*. Von Celle aus erreichst du Wienhausen über den wohl schönsten Abschnitt des Aller-Radwegs.

SIGHTSEEING

KLOSTER WIENHAUSEN ★

Das ehemalige Zisterzienserkloster im kleinen Wienhausen ist alles andere als ein Geheimtipp – völlig zu Recht, denn es gibt viel zu sehen. Die Chronik des Klosters berichtet von seiner Gründung um 1230 durch die Celler Herzogin Agnes von Landsberg, einer Schwiegertochter Heinrichs des Löwen. Großzügige Schenkungen ermöglichten die Errichtung des vollständig und sehr filigran ausgemalten Nonnenchors, dessen Stufengiebel schon von außen zu sehen sind. Vor dem Kloster stehend entdeckst du noch ein weiteres Detail: Ganz oben auf der Turmspitze dreht sich ein Tier – erkennst du, um was es sich handelt? (Tipp: Es trägt Rüssel!) Seit der Reformation lebt im Kloster ein evangelischer Konvent – heute wohnt hier knapp ein Dutzend Konventualinnen mit ihrer Äbtissin. Die Klosterordnung verpflichtet sie, Gästen die zahlreichen wertvollen Kunstschätze des Klosters zugänglich zu machen, und das tun die Damen mit großem Engagement. Neben zahlreichen mittelalterlichen Kunstwerken, Truhen und Schränken sind es besonders die gestickten gotischen Bildteppiche, die

Kloster Wienhausen, ein architektonischer und religiöser Schatz

jedes Jahr Tausende von Besuchern faszinieren, wenn sie für eine Woche (traditionsgemäß ab Samstag nach Pfingsten) fachkundig erklärt werden. Eine Führung gibt dir auch einen Einblick ins Klosterleben: Nebenbei gehen die Konventualinnen nämlich auch anderen künstlerischen und handwerklichen Beschäftigungen nach. Und dann will so ein Kloster ja auch gepflegt werden… Im Winter ist das Kloster geschlossen, Heizung gibt's hier nämlich keine. Frieren muss aber niemand (die Wohnungen der Konventualinnen befinden sich in einem modernen Nebengebäude). *An der Kirche 1 | kloster-wienhausen.de*

ESSEN & TRINKEN

HOTEL AM KLOSTER

Das hübsche Fachwerk-Kleinod liegt nur einen sehr kurzen Spaziergang vom Kloster entfernt idyllisch am Mühlenkanal. Viele Stammgäste schätzen die ruhige und familiäre Atmosphäre und nach Celle ist es nur ein Katzensprung. Ein wunderbarer Ausgangspunkt, um auf dem Aller-Radweg zu fahren oder die Südheide zu erkunden! Wenn du nur auf ein Stück Kuchen vorbeikommen möchtest: Am Wochenende öffnet nachmittags das *Kloster-Kaffee* (nur in der Sommersaison). Das Hotel verfügt über mehrere behindertengerechte Zimmer und hat an dem Informations- und Bewertungssystem „Reisen für Alle" (der bundesweit gültigen Kennzeichnung im Bereich Barrierefreiheit) teilgenommen. Infos für Menschen mit Behinderung sind auf der Website bereitgestellt. *Preise s. Website | Mühlenstr. 6–7 | hotelwienhausen.de*

NINI'S CAFÉ

Als „Café am Kloster" (der Name verrät die Lage) wurde das gemütliche Lokal viele Jahre von der Mutter der jetzigen Betreiberin geführt. Seit 2023 weht frischer Wind: Die Räumlichkeiten erstrahlen in neuem Glanz, leckere und virtuos gestaltete selbst gebackene Torten und Kuchen und feiner Kaffee warten darauf, deinen Nachmittag zu versüßen. Oder wie wäre es mit einem Glas Grauburgunder im Cafégarten? Im Urlaub ist schließlich (fast) alles erlaubt! *Feb.–März Sa–So 14–16.30, April–Okt. Mo 14–16, Di–Fr 13–16.30, Sa–So 13–17 Uhr | Hauptstr. 1 a | Tel. 05149 8970 | ninis-cafe-am-kloster.de | €*

SHOPPEN & STÖBERN

FINDELHOF BOCKELSKAMP

Wer suchet, der findet – beim Flohmarkt auf dem Findelhof findest du aber auch, was du garantiert nicht gesucht hast! In der Nähe eines alten Postweges am Rande des Wienhäuser Ortsteils Bockelskamp liegt der alte

Zurück in die Vergangenheit auf dem Museumshof in Winsen

Bauernhof ganz romantisch unter Eichen. Der Flohmarkt auf dem Findelhof findet von April bis Oktober einbis zweimal im Monat sonntags statt und ist weit über die Region hinaus bekannt und ein beliebtes Ausflugsziel. Zu erstehen gibt's Trödel und Antiquitäten, Neuware ist tabu. Mit dem historischen Backhaus von 1700 beherbergt der Findelhof eine besondere Genuss-Oase: Bei leckeren Veranstaltungen rund um den großen Lehmkuppelofen wird hier mit allen Sinnen „Kultur gebacken". *Termine s. Website | Ziegeleiweg 2, OT Bockelskamp | findelhof.de*

RUND UM WIENHAUSEN

RUNDWANDERWEG ALTENCELLE

8 km/12 Min. mit dem Auto von Wienhausen

Erkunde die über 1000-jährige Geschichte von Altencelle und Umgebung! Auf den Spuren der Celler Ursiedlung Kellu führt der Wanderweg C 1 auf einer Länge von 15 km über Osterloh und Bockelskamp zurück nach Altencelle. Du erfährst, wo einst die Allerfurt mit der Brunonenburg lag, besichtigst die Gertrudenkirche und stellst dir vor, wie es wäre, in einem der hübschen Bauernhöfe am Wegesrand zu wohnen. Unterwegs passierst du den Osterbruchkanal und die Osterloher Alpen – ein riesiger Sandberg, von dessen Gipfel du einen weiten Blick in die Allerniederung genießt. Infotafeln informieren zu Flora und Fauna *(Länge 14,82 km | Schwierigkeit: mittel | celle-tourismus.de)*.

Tipp: Weitere fünf Wander- und Spazierwege in und um Wienhausen starten direkt am Kloster Wienhausen und führen durch den Klosterort und die von der Aller geprägte Landschaft. Infos: *lueneburger-heide.de*

WINSEN (ALLER)

(🕮 0) **Stadtnah und doch bestens versorgt! Als Wohnort ist Winsen an der Aller besonders beliebt, aber auch touristisch hat die Gemeinde nordwestlich von Celle einiges zu bieten.**

Neben dem Freilichtmuseum Museumshof Winsen begeistert die Natur in der Umgebung: Mit dem Hüttensee und dem Naturschutzgebiet Meißendorfer Teiche besitzt Winsen sogar die größte zusammenhängende Wasserfläche der Lüneburger Heide.

SIGHTSEEING

MUSEUMSHOF WINSEN MIT KALANDSTUBE ★

„Einmal Zeitreise, bitte!" Wie sah das Leben auf einem typischen Heidehof im 18./19. Jh. aus? Der Museumshof in Winsen nimmt dich mit in eine Zeit, in der die Felder von Hand bestellt wurden, die Kühe im Wohnzimmer schliefen und der Knecht zu später Stunde nicht mehr ins Haus kam, wenn der Bauer schon ins Bett gegangen war. In liebevoller Detailarbeit werden seit den 1980er-Jahren uralte

STADT, LAND, FLUSS

Auch auf zwei Rädern bist du gut aufgehoben: Mehr als 1000 km umfasst das Radwandernetz in und um Celle. Der ★ **Aller-Radweg** führt auf über 300 km entlang des gleichnamigen Flusses durch Wiesen und Wälder, vorbei an Windmühlen sowie Klöstern und sogar durch die Stadt Celle hindurch. Empfehlungen zu Einzeletappen und die 18 schönsten Thementouren rund um Celle und im Naturpark Südheide unter: *aller-radweg.de* | *lueneburger-heide.de*

Häuser aus der Gegend restauriert und hier möglichst originalgetreu wieder aufgestellt und eingerichtet – ebenfalls mit Originalen, die das Museum seit vielen Jahren sammelt, erforscht und den Besuchern erklärt. Zu sehen gibt es nicht nur Wohngebäude, sondern auch eine Heuscheune, das Kutschenhaus, den Schweinestall und viele andere Orte, die früher zum bäuerlichen Leben gehörten. Ein Freilichtmuseum zum Anfassen mit begeisterten Ehrenamtlichen, die deine Fragen gerne beantworten. Bei Sonderveranstaltungen erlebst du den Museumshof in Aktion, z.B. beim Backtag mit frischem Brot und Leckereien aus dem Lehmbackofen. Auf dem Gelände befindet sich außerdem der wiederaufgebaute Winser Kalandhof mit der Kalandstube, die heute als Museumscafé betrieben wird. Ein Stück Torte drinnen oder bei schönem Wetter draußen im Hof und dein Besuch ist perfekt! *Öffnungszeiten s. Website | Erw. 5 Euro, ab 13 J. 2 Euro, Kinder frei | Brauckmanns Kerkstieg 6 | Tel. 05143 81 40 | winser-heimatverein.de*

MEISSENDORFER TEICHE

Einmal tief durchatmen! Vom Parkplatz aus spazierst du an einem Campingplatz vorbei, bevor sich vor dir die wunderbare Teichlandschaft öffnet. Das Natur- und Vogelschutzgebiet rund um die Meißendorfer Teiche und das Bannetzer Moor ist ein Ort zum Relaxen und Genießen. In diesem Gebiet leben unzählige, teils seltene, Tier- und Pflanzenarten, die durch die Regulierung und Begradigung der Aller und die landwirtschaftliche Nutzung der Region ihren Lebensraum verloren haben. Enten schnattern, Libellen surren, Graureiher ziehen ihre Kreise, mit etwas Glück siehst du sogar Seeadler oder einen Fischotter auf Nahrungssuche. Ein ca. einstündiger Rundweg führt dich quer zwischen den Teichen hindurch und wieder zurück zum Campingplatz. Wer ein gutes Fernglas dabei hat, braucht länger! *Die Meißendorfer Teiche liegen ca. 7 km nordwestlich von Winsen (Aller). lueneburger-heide.de*

INSIDER-TIPP
Nicht vergessen!

RUND UM WINSEN

SCHLEUSE UND WASSERKRAFTWERK OLDAU

4,5 km/10 Min. mit dem Auto von Winsen

Als Fahrradfahrer an der Aller nordwestlich von Celle kannst du sie kaum

Gemütlich und familientauglich mit dem Rad an der Aller entlang

verfehlen – aber auch wenn du mit dem Auto unterwegs bist, sind die Staustufe und das Wasserkraftwerk Oldau einen kleinen Abstecher wert. Das heute denkmalgeschützte Wasserkraftwerk wurde zu Beginn des 20. Jhs. gebaut und ist das Einzige dieser Art, das in Norddeutschland in seinem ursprünglichen Zustand erhalten geblieben ist und immer noch (bzw. wieder, in den 1970er-Jahren wurde es zwischenzeitlich stillgelegt) Strom an das Netz liefert. Ein Muss für Fans alter Industrietechnik! *Schleusenstraße, Hambühren*

GEDENKSTÄTTE BERGEN-BELSEN ★

9 km/10 Min. mit dem Auto von Winsen

Wer schon einmal eine besucht hat, weiß: Der Besuch einer KZ-Gedenkstätte ist ein aufwühlendes Erlebnis. Zu groß ist das Grauen, das man im Angesicht der Gräueltaten, die an diesem Ort verübt wurden, empfindet. Und doch ist es genau dieses Gegenübertreten, das das wohl dunkelste Kapitel der deutschen Geschichte begreifbar macht. Mindestens 52 000 Menschen aus vielen Ländern Europas kamen während des Zweiten Weltkriegs in dem von den Nazis offiziell als „Aufenthaltslager" bezeichneten KZ Bergen-Belsen um oder starben unmittelbar nach der Befreiung durch britische Soldaten 1945 an den Folgen ihrer Haft. Auch Anne Frank war hier inhaftiert. Die Gedenkstätte Bergen-Belsen wurde bereits 1952 für Besucher geöffnet, heute kommen ca. 200 000 Menschen jährlich hierher. Da Bergen-Belsen nicht als Vernichtungslager diente (wie z. B.

Auschwitz-Birkenau) und auf dem angrenzenden Gelände des ehemaligen Lagers alle Bauten entfernt wurden (erhalten sind nur Reste von Fundamenten), dokumentiert die Dauerausstellung vorwiegend die Haftbedingungen und die Geschichte des ehemaligen Lagers. Das Lagergelände selbst ist heute ein Friedhof mit zahlreichen Gräbern und Mahnmalen – ein Ort zum Innehalten, Nachdenken und Erinnern. *April–Sep. Mo–So 10–18, Okt.–März Mo–So 10–17 Uhr | Eintritt frei | Anne-Frank-Platz, Lohheide | Tel. 05051 47590 | bergen-belsen.stiftung-ng.de*

WIETZE

(▯ 0) **Ob du es glaubst oder nicht: In der Südheide liegt die Wiege der Erdölindustrie! Dem aktuellen Forschungsstand zufolge fanden die ersten erfolgreichen Erdölbohrungen der Welt Mitte des 19. Jhs. in der Region statt.**

Einige Jahre später brach der Ölboom in Wietze (später auch „Klein-Texas" genannt) aus. Bohr- und Fördertürme schossen wie Pilze aus dem Boden und bis 1909 förderte man hier fast 80 % des deutschen Öls. 1963 wurde

Wie das Öl aus dem Boden kam – zu sehen im Deutschen Erdölmuseum Wietze

die Erdölförderung in Wietze eingestellt, doch bis heute sind noch überall Spuren der Erdölindustrie zu entdecken.

SIGHTSEEING

DEUTSCHES ERDÖLMUSEUM WIETZE ★ ☂ ⚑

Das Museum zum Rohstoff! Im Museumsgebäude erwartet dich eine 2023 nigelnagelneu gestaltete Ausstellung rund um das „schwarze Gold" und seine Förderung in der Region. Zur Sammlung gehören unter anderem detailgetreue Modellanlagen, diffizile geophysikalische Messapparaturen, historische Fotos und Dias sowie Gegenstände aus dem Berufs- und Alltagsleben der Ölarbeiter. Nachdem du die Museumshalle durchquert und jede Menge spannende Informationen verarbeitet hast, trittst du durch eine Tür in den Außenbereich: Vor dir liegt ein stillgelegtes Erdölfeld! Die alten Förderanlagen wurden für den Museumsbetrieb herausgeputzt und mit Infotafeln ausgestattet, die Plattform des riesigen Bohrturms kann im Rahmen von Führungen erklommen werden. Ein wirklich ungewöhnliches Museum, in dem du wahrscheinlich mehr Zeit verbringen wirst als geplant. *Juli–Aug. Mo–So 10–17, März–Juni, Sep.–Nov. Di–So 10–17 Uhr | 8 Euro, Schüler u. Studierende 4 Euro, Familien 18 Euro | Schwarzer Weg 7–9 | Tel. 05146 92340 | erdoelmuseum.de*

STECHINELLIKAPELLE

Ist es ein Bauernhaus? Eine Scheune? Nein, es ist eine Kirche! Francesco Maria Capellini, genannt Stechinelli (deutsch: Streichhölzchen), kam 1656 als Junge aus Italien, war zunächst Kammerdiener bei Hofe, später steinreich, adelig und einer der angesehensten Bürger der Region ➤ S. 32. Im protestantischen Norden lebend und mit einer Hugenottin verheiratet, wollte er seinen katholischen Glauben leben und so wurde ihm erlaubt, auf seinem eigenen Grundstück eine Kirche zu errichten. Aus Rücksicht auf die protestantische Landbevölkerung sollte diese aber zumindest von außen so schmucklos wie möglich aussehen. So erzählt man es sich zumindest. Eine andere Version der Geschichte besagt, Stechinelli habe die Kirche für die Dorfbewohner gebaut, und tatsächlich wurde hier wahrscheinlich nie ein katholischer Gottesdienst gefeiert. Allerdings starb der Bauherr 1694, fünf Jahre vor der Fertigstellung seiner Kirche. Die ganze Wahrheit kennt niemand, fragen kann man nicht mehr – bewundern lässt sich die ungewöhnliche Kapelle mit der prächtigen Barockausstattung im Inneren aber bis heute ganz wunderbar. *Stechinellistraße, OT Wieckenberg*

HORNBOSTELER HUTWEIDE

Mit der Hutweide, auf der die Dorfbewohner jahrhundertelang ihr Vieh hüteten, besitzt Hornbostel an der Aller ein besondereres „Naturreich". Die zauberhafte Parklandschaft mit stattlichen Alteichen im Auengrünland und grünen Wäldern ist heute Heimat von Rotbunten Rindern, Rotem Milan, Weißstorch und Edellibellen, Wilden Stiefmütterchen und Schwanenblumen. Auf geführten Naturwanderungen oder frei der Nase nach erkundest du das Naturschutzgebiet. *OT Hornborstel*

SHOPPEN & STÖBERN

TÜDELÜÜ-SCHRÄNKCHEN

Das wahrscheinlich kleinste Geschäft weit und breit befindet sich mitten im Wietzer Ortsteil Wieckenberg und ist ein blaugrauer Schrank mit weit geöffneten Türen. Im Inneren befinden sich handgemachte Dekoartikel und Leckereien aus der Region, kurz: perfekte Mitbringsel für Daheimgebliebene. Stöbern, bezahlen, mitnehmen ist die Devise. Das Ganze funktioniert auf Vertrauensbasis mit Videoüberwachung. *Kirchfeld 11, OT Wieckenberg*

WANDERN OHNE BERGE?

Total entspannt! Mitten durch die Lüneburger Heide führt der ★ **Heidschnuckenweg** auf 223 km von Celle nach Hamburg (oder anders herum). Er gehört zu den beliebtesten und attraktivsten Weitwanderwegen Deutschlands. Eine kurzweilige Alternative sind die 2022 eröffneten *Heideschleifen*. Auf 12 wunderschönen Rundwanderwegen erkundest du die spannendsten Abschnitte des Heidschnuckenwegs häppchenweise und landest wieder dort, wo du gestartet bist. Besondere Fähigkeiten brauchst du dafür nicht, gutes Schuhwerk und ein bisschen Motivation genügen, um die Wege entspannt zu bewältigen. Die Streckenlänge variiert zwischen 1,4 und 20,9 Kilometern. *Infos unter: lueneburger-heide.de*

MÜDEN (ÖRTZE)

(🕮 0) **Holperig gepflasterte Straßen, alte Bauernhäuser, Gassen, durch die kein Auto passt: Müden, „die Perle der Südheide", ist ein typisches Heidedorf und ein liebens- und lebenswertes Örtchen.**

Offiziell gehört Müden heute zur Gemeinde Faßberg, doch das hört hier keiner gerne. Überregional bekannt ist Müden auch für die alljährlich stattfindenden Heidschnucken-Bockauktion ➤ S. 95, bei der unter anderem *Mister Müden* gewählt und versteigert wird. Für den Erhalt der Heide sind die wolligen Heidschnucken lebenswichtig – die bei der Bockauktion versteigerten Zuchtböcke wechseln von ihrer Heimatherde in eine andere Herde, um dort die Zucht voranzutreiben. Erkunden kannst du Müden ganz gemütlich bei einem Ortsrundgang. Von der Tourist Information an der Historischen Wassermühle spazierst du zum Heidesee, dann quer durch den Ort zur Mündung von Örtze und Wietze, zum Wildpark, auf ein Stück Kuchen zur Ole Müllern Schün usw. Die QR-Codes, auf die du unterwegs triffst, führen zu Audiodateien, die dir mehr über die Sehenswürdigkeiten des Ortes verraten. Entschleunigung à la

Dem Greifvogel ganz nah im Wildpark Müden

Südheide! Wegbeschreibung und Infoflyer erhältst du in der Tourist Information *(Unterlüßer Str. 5, Faßberg | lueneburger-heide.de)*.

SIGHTSEEING

HEIDESEE

Eigentlich ist der Heidesee gar kein See, sondern ein Teich! 1974 wurde er angelegt und hat sich seitdem zu einem wichtigen Lebensraum für Pflanzen und Tiere entwickelt. Frösche quaken, Libellen fliegen, ein Reiher ist auf Futtersuche – von den Holzbänken rund um den See beobachtest du das tierische Treiben oder den Sonnenuntergang. Ein ca. 2,5 km langer barrierefreier Weg führt um den See (Teich).

WILDPARK MÜDEN

„Hast du uns was mitgebracht?" Den neugierigen Blicken von Reh, Esel und Co. zu widerstehen ist schon sehr schwer, doch das Füttern solltest du den Profis überlassen. Die lassen sich aber gerne über die Schulter schauen. Auch die im Sommer stattfindenden Flugschauen sind ein echtes Erlebnis. 30 Arten und rund 200 Tiere haben ihre Heimat im Wildpark gefunden. Wer möchte, kann sogar im Damwild-

INSIDER-TIPP
Landeerlaubnis erteilt!

gehege übernachten! Und für ganz Mutige: Wie wäre es mit einem Falknerschnupperkurs? *März–Okt. Mo–So 9–18, Nov.–Feb. Mo–So 10–16 Uhr | Eintritt ab 16 J. 11 Euro, 3–15 J. 7,50 Euro, Familien ab 27 Euro | Heuweg 23 | Tel. 05053 90 30 31 | wildparkmueden.de*

ESSEN & TRINKEN

OLE MÜLLERN SCHÜN ★

Im ältesten Anwesen Müdens gibt's den besten Kuchen! Für ein Stück Stachelbeer-Baiser oder Buchweizentorte reist so mancher Gast von weit her an. Nach den Rezepten der 2020 verstorbenen norddeutschen Tortenmeisterin und Hausherrin des Müllern Hofs Ria Springhorn werden in der Scheunenbäckerei Tag für Tag essbare Kunstwerke gezaubert. Dein Lieblingsstück verspeist du im Hof unter den alten Eichen oder im alten Bauernhaus – in beiden Fällen ein Hochgenuss in wunderschönem Ambiente! Auf Vorbestellung kann am Wochenende auch gefrühstückt werden (Infos s. Website). Auf das Schlemmen folgt ein kleiner Spaziergang: Der historische Bauerngarten des Hofs wurde auf der Grundlage alter Zeichnungen und Fotos geplant und angelegt und ist eine echte Augenweide. *Mai–Okt. Di–So 14–18, So 13.30–18, Nov.–Feb.*

Entschleunigt mit dem Kanu auf der Örtze unterwegs

Fr–Sa 14–18, So 13.30–18 Uhr | Alte Dorfstr. 6 | Tel. 05053 94122 | ole-muellern-schuen.de | €€

SIGHTSEEING

TANTE HANNA

Ja, es ist ein Supermarkt. Aber ein ganz besonderer! Wie Nahversorgung auf dem Land funktionieren kann, zeigt dieser kleine Markt mitten in Müden: Das Sortiment ist modern und gemischt, jede Menge regionale Produkte zieren die Regale, das Tante-Hanna-Radio (das du sogar zu Hause hören kannst) begleitet deinen Einkauf musikalisch und läutet den Feierabend mit Partymusik ein. Marktleiter Tommy Dietz kennt seine Kunden persönlich und wer hier einmal Kaffee am Eichentisch trank, fühlt sich als Familienmitglied. Ein bisschen Rewe, ein bisschen Tante-Emma-Laden – Tante Hanna eben. Auch sonntagnachmittags ist geöffnet! *Mo–Fr 7.30–19, Sa 7.30–15, So 13–16 Uhr | Hauptstr. 4 a | Tel. 05053 9870944 | tantehanna radio.com*

RUND UM MÜDEN (ÖRTZE)

KIESELGURPFAD

9 km/10 Min. mit dem Auto von Müden (Örtze)

Das Gold der Heide heißt Kieselgur! Falls du keine Ahnung hast, worum es sich handelt: Der Rohstoff Kieselgur entstand durch die Ablagerung kleinster fossiler Schalenreste von Kieselalgen, die vor mehreren Hunderttausend Jahren während der Zwischeneiszeiten in Gewässern lebten. Die fossilen Schalenreste der Kieselalgen bestehen überwiegend aus Siliziumdioxid und besitzen eine poröse Struktur. Deshalb kann Kieselgur sehr viel Feuchtigkeit aufnehmen, was für die industrielle Nutzung sehr praktisch ist. In der Lüneburger Heide wird Kieselgur seit dem 19. Jh. abgebaut. Wofür sie genutzt wurde und wird (Spoiler: Als Mehlersatz in Pfannkuchen war ihr keine große Karriere beschieden!), erfährst du auf dem Kieselgurpfad. Der Rundwanderweg führt dich durch die Heide, vorbei an ehemaligen Abbaustätten, weitläufigen Heideflächen sowie grasenden Heidschnuckenherden. Schautafeln erzählen von der Entstehung, Gewinnung und Aufbereitung des unter

KANUTOUREN AUF DER ÖRTZE

… sind vor allem bei sommerlichen Temperaturen ein erfrischendes Highlight. Halbtagestouren sind von Eversen bis Wolthausen oder von Wolthausen bis Winsen (Aller) möglich. Wer seinen Armen mehr zutraut, begibt sich auf die Tagestour von Eversen bis Winsen (Aller) – 22 km sind zu bewältigen. Unterwegs laden Picknickplätze zum Verschnaufen ein. Touren zwischen Müden und Winsen sind nur bei ausreichend hohem Wasserstand möglich und nur für sportliche Paddler geeignet. Da die Örtze unter Naturschutz steht, werden herabgestürzte Äste nicht beseitigt. *Infos: kanu-feeling.de*

Nichtfachleuten ziemlich unbekannten Bodenschatzes. Start ist am Ferienpark Heidesee in Oberohe. *Länge: 4,2 km | Schwierigkeit: leicht | lueneburger-heide.de*

ANGELBECKSTEICH

14 km/17 Min. mit dem Auto von Müden (Örtze)

Die Heide erleben – auch barrierefrei! Damit möglichst viele Besucher die charakteristische Heidelandschaft rund um den malerisch gelegenen Angelbecksteich hautnah erkunden können, wurde der Hauptrundwanderweg um den Stausee für den Besuch mit Rollstühlen und Kinderwagen auf ca. 1 km Länge barrierefrei befestigt. Eine Leitvorrichtung für Sehbeeinträchtigte ist vorhanden und die im Gelände vorhandenen Infotafeln wurden in Brailleschrift zusammengefasst. Holztische und Sitzgruppen am Seeufer laden zum Picknick ein. Der Angelbecksteich liegt auf halber Strecke zwischen Oldendorf und Queloh an der L281. Der Rast- und Parkplatz ist ausgeschildert und über die Abzweigung „Dehningshof" zu erreichen.

ALBERT-KÖNIG-MUSEUM ☂

16 km/16 Min. mit dem Auto von Müden (Örtze)

Klein, aber viel drin und für Kunstliebhaber ein Muss! Über 12 000 Arbeiten beherbergt das Albert-König-Museum in seinem Archiv, davon rund 1800 aus dem Nachlass des Malers und Grafikers Albert König (1881–1944). Wechselnde Ausstellungen zeigen die Werke regionaler Maler und Malerinnen. Im Erweiterungsbau des Muse-

DIE HEIDE UND IHRE SCHNUCKEN

Sie sind die wohl süßesten Rasenmäher der Welt – fast 10 000 Heidschnucken leben in der Lüneburger Heide. Warum eigentlich? Das Wort „Schnucke" kommt von „schnökern", was so viel bedeutet wie „naschen". Und genau das tun Heidschnucken: Sie naschen den lieben langen Tag aufkommende Gehölze und Gräser und helfen so, die riesigen Heideflächen in Schuss zu halten. Ohne diese Art der Landschaftspflege würde die Heide in relativ kurzer Zeit verwalden. Viele Tier- und Pflanzenarten, die in anderen europäischen Naturräumen kaum noch vorkommen, verlören ihre Heimat. Circa 10–12 Kilometer täglich wandern die Schäfer mit ihrer Herde und das Schöne ist: Sie haben in der Regel nichts gegen Besuch einzuwenden! Eine Heidschnuckenherde zu finden ist allerdings gar nicht so einfach, denn die Laufwege ändern sich täglich. Mit einer geführten Tour in die Heide – z. B. ab Müden (Örtze) – bist du auf der sicheren Fährte und lernst nebenbei auch allerhand über die Region und natürlich über das Wappentier der Lüneburger Heide. Zum Rendezvous mit Heidschnucken lädt der Heidschnuckenhof Niederohe ein. *Alle Infos unter: lueneburger-heide.de*

Flauschige Landschaftspfleger in der Südheide

ums ist die Dauerausstellung „Kieselgur – Die Erlebnisausstellung" zu sehen. Sie setzt sich mit der Naturgeschichte rund um den Bodenschatz Kieselgur auseinander. Hast du zuletzt im Biounterricht durch ein Mikroskop geschaut? Hier ist hier deine Chance auf ein Revival! In den Museumsräumen finden außerdem regelmäßig Konzerte, Lesungen, Theater- und Comedyabende statt und wenn du willst, darfst du hier sogar heiraten. *Di–So 14.30–17.30 Uhr | Eintritt ab 17 J. 3 Euro, bis 16 J. 1 Euro; freitags freier Eintritt | Albert-König-Str. 10 | albertkoenigmuseum.de*

TREPPENSPEICHER LUTTERLOH

16 km/17 Min. mit dem Auto von Müden (Örtze)

Vögel fandest du bisher eher weniger spannend? Sie zu beobachten macht gleich viel mehr Spaß, wenn man weiß, mit wem man es zu tun hat! In dem ausgebauten Speichergebäude am Heidschnuckenweg informieren Schautafeln und kurze Filme über die Vogelwelt der Lüneburger Heide. Der Ornithologe Mano Rathgeber nimmt dich mit auf eine Reise in die Welt der Federwesen, erklärt, wer sich in der Heide besonders wohlfühlt und warum Vögel nicht husten können. Alles gesehen und Zeit für ein Päuschen? Vor dem Gebäude warten Picknickbänke unter mächtigen Eichen auf Vogelfreunde und Wanderer. Hinter dem Gelände befindet sich eine kleine Heidefläche und der kleine Hofladen gegenüber versorgt dich mit regionalen Leckereien – schnell hin, wenn noch was fürs Picknick fehlt. *Tgl. 9–19 Uhr | Weesener Weg, Unterlüß-Lutterloh | lueneburger-heide.de*

AKTIV & ENTSPANNT

Traumkulisse garantiert: wandern auf dem Heidschnuckenweg

H

SPORT, SPASS & WELLNESS

AUF RÄDERN UNTERWEGS

Fahrrad fahren rund um Celle bedeutet Fahrspaß auf mehr als 1000 km. Das gut ausgebaute Radwandernetz hält so einige Highlights bereit: Der Aller-Radweg verbindet auf fast 330 km Weser und Elbe. Schon eine kleine Etappe des Radweges rund um Celle lohnt sich. Daneben warten weitere ausgewählte Radtouren in und um Celle, wie eine Tagestour durch den Naturpark Südheide, darauf, von dir gemeistert zu werden. Weitere Infos: *celle-tourismus.de*. Weniger Strecke bei gleichbleibendem Spaßfaktor legst du im Skatepark der CD-Kaserne ➤ S. 69 zurück. Auf Skateboard oder BMX-Rad stellst du dich mutig den Herausforderungen der Halfpipe oder den Skateboard Obstacles.

GUT ZU FUSS

Von der Innenstadt aus wanderst du auf zahlreichen Wanderwegen durch verwunschene Wälder, dunkle Moorlandschaften, entlang malerischer Heideflächen und Flussauen bis hin zu den schönsten Plätzen der Gegend. Gut markierte Wanderwege sorgen für Orientierung, aber informiere dich am besten vorher, wo es für dich hingehen soll – die Entscheidung fällt schwer! Infos: *celle-tourismus.de*

RUND UMS WASSER

Wer in Celle ist, kommt nicht an einem Aufenthalt an der Aller vorbei. Also, warum nicht auch Zeit AUF der Aller verbringen? Mit Kajaks, Kanadiern und Ruderbooten Celle vom Wasser aus zu bestaunen, ist von Mai bis September beim *Bootsverleih Aller-Leih (Preise ab 6 Euro | Fritzenwiese 49 | allerleih-celle.de)* möglich. Magst du es wackeliger, dann rauf aufs Stand-up-Paddelboard: Die Ausrüstung bekommst du bei *SUP Spot Celle (Preise s. Website | Waldweg 2 | supspot.de).*

Voll im Trend: Stand-up-Paddling auf dem Hüttensee nordwestlich von Celle

Entspannt zurücklehnen kannst du dich bei einer Fahrt mit der *M. S. Wappen von Celle*. Von Mai bis Oktober schipperst du gemütlich von Celle bis Oldau (sonntags bis Winsen). Fahrrad mitnehmen erlaubt *(Infos: celler-schifffahrt.de)*! Ist dir der Fluss nicht geheuer, dann freut sich das *Celler Badeland (Preise und Öffnungszeiten s. Website | 77er Str. 2 | celler-badeland.de)* über deinen Besuch. Von Hallenbad und Freibad über Saunalandschaft und Rutschenparadies bis hin zu einem großen Wellnessbereich: Baderatten finden hier garantiert das richtige Programm.

BEI REGEN

Wenn das Wetter dich enttäuscht, schlage ihm ein Schnippchen: Ein Besuch der *Pinguin™ Bowling & Bar (Ludwig-Erhard-Str. 5 | pinguin-bowling.de)* sorgt für absolut trockenen Indoorspaß. Tipp: Wettervorhersage beobachten und ggf. eine Bahn reservieren. Den ultimativen Adrenalinkick erlebst du auf der *Burnout Celler Kartbahn (Preise s. Website | Waldweg 100 | celler-kartbahn.com)*! Auf zwei Ebenen heizt du um die Steilkurven die Strecke entlang und versuchst, als Erster durchs Ziel zu rasen.

ENTSPANNUNG PUR

Zwei Pools, ein Wasserfall und eine große Saunalandschaft – den wunderschönen Wellnessbereich des *Hotels Celler Tor (Eintritt: 20 Euro/Tag, nur Schwimmbad 10,50 €/Tag | Sauna: Mo–Sa 15–20, Schwimmbad tgl. 8–20 Uhr | Scheuener Str. 2 | celler-tor.de)* nutzen nicht nur Hotelgäste, sondern auch externe Besucher. Im *Celler Badeland* (➤ Rund ums Wasser) sorgen verschiedene Saunen, ein Dampfbad und der Eisbrunnen für Tiefenerholung und entspannte Muskeln. Vorher den Aufgussplan checken!

FESTE & EVENTS

RUND UMS JAHR

Kultur Querbeet: Ursprünglich als Initiative zum Erhalt der Celler Jazzszene gegründet, bietet Kultur Querbeet heute ein buntes Potpourri an Veranstaltungen: Jazz, Blues, Folk, Kabarett und Comedy – erlaubt ist, was Spaß macht! *kultur-querbeet.de*

FEBRUAR

Nordlichter: Zum Ende der Winterzeit entsteht rund um das Celler Schloss eine illuminierte Zauberwelt. Stimmungsvoll beleuchtete Märchen- und Fabelfiguren sowie Gesangs- und Tanzdarbietungen der Lichterwesen verwandeln den Park in einen mystischen Lichterort. *celle-tourismus.de*

MÄRZ

Celle Wasa-Lauf: Beim internationalen Volkslauf durch Celle können Strecken von 2,5 bis 20 km absolviert werden. Falls du dich an einem Streckenrekord versuchen möchtest, findest du alle Rekorde (und Infos zum Lauf) auf der Website: *celler-wasa-lauf.de*

MAI–JUNI

Celler Streetparade: Das Jazzfestival des Nordens öffnet seine Tore: Livemusik, Marching- und Brassbands aus Deutschland und den Niederlanden verbreiten Feierlaune und gute Stimmung. *celle-tourismus.de*

AllerART: Der Kreativ- und Designmarkt an Pfingsten ist die Bühne für zahlreiche Künstler und Handwerker im idyllischen Ambiente des Schlossparks. Ungewöhnliche Dekorationsartikel, Schmuckstücke und Skulpturen suchen ein neues Zuhause. *grimm-veranstaltung.de*

Sommertheater: Das Open-Air-Highlight im Innenhof des Celler Schlosses lockt von Juni bis August Besucher von nah und fern. Rechtzeitig Tickets sichern! *schlosstheater-celle.de*

Weingenuss und mehr auf dem Celler Weinmarkt

JUNI–AUGUST

FlotART Fest und FlotART Kultursommer: Alle zwei Jahre wechseln sich die beiden Events ab. Künstler in den Bereichen Musik, Theater, Literatur und Kunst teilen ihre Werke und die Region Flotwedel wird für mehrere Wochen zur Kulturbühne. *flotart.de*

JULI

Weinmarkt: Fünf Tage Vielfalt, Genuss und Lebensfreude im Herzen der Innenstadt. Die stilechte Fachwerkkulisse wird versüßt durch leckere Weine, Flammkuchen und Bratwurst sowie Jazz und Swing. *celle-tourismus.de*

Heidschnuckenbockauktion: Züchter, Halter und Freunde feiern das flauschigste aller Symboltiere! Ein Fest zu Ehren der Heidschnucke in Müden (Örtze) mit Vorstellung und Versteigerung junger Zuchtböcke. Regionaler geht es kaum! *schafzucht-niedersachsen.de*

AUGUST

Oldtimer + Fachwerk: Das schönste Oldtimertreffen Norddeutschlands findet alle zwei Jahre statt. Zeitlose Klassiker zieren die Gassen der historischen Altstadt, den Französischen Garten und den Schlosspark. *celle-tourismus.de, Rubrik Geschichten*

SEPTEMBER/OKTOBER

Hirschbrunft: Im Herbst wird es laut in den Wäldern. Bei den heimischen Rothirschen beginnt die Brunft. Rund um die Lüneburger Heide und vor allem in Starkshorn lässt sich das Spektakel gut beobachten. *region-celle.de*

NOVEMBER/DEZEMBER

Weihnachtsmarkt: Die „Best Christmas City" aus etwa 70 Ständen liegt mitten in Celle, im malerischen Ambiente zwischen historischen Gebäuden und dem einzigartigen Fachwerkensemble. *celle-tourismus.de*

SCHÖNER SCHLAFEN

AUCH FÜR UNGEKRÖNTE HÄUPTER

Celles erstes Haus am Platz! Das *Althoff Hotel Fürstenhof Celle (62 Zi. | Hannoversche Str. 55/56 | Tel. 05141 20 10 | althoffcollection.com | €€€ | Süden | 🕮 a6)* wurde um 1670 als Barockpalais gebaut und hat bis heute nichts von seinem Glanz verloren. Im historischen Palais und im komfortablen Erweiterungsbau treffen Luxus und Tradition auf herzliche Gastfreundschaft sowie moderne Ausstattung. Die Zimmer sind mit edlen Hölzern und Stoffen eingerichtet, im Spa-Bereich lässt du dich von Kopf bis Fuß verwöhnen. Das Restaurant *Taverna & Trattoria Palio* ➤ S. 53 serviert modern interpretierte italienische Küche.

WILLKOMMEN DAHEIM

Nur wenige Gehminuten von der Altstadt entfernt wohnst du im *Hotel St. Georg (15 Zi. | Sankt-Georg-Str. 25–27 | Tel. 05141 21 05 10 | hotel-st-georg.de | €€ | Süden | 🕮 M5)* in einem romantischen Ensemble aus drei Fachwerkhäusern. Die Zimmer sind alle hübsch eingerichtet und teilweise neu renoviert, kleine Aufmerksamkeiten versüßen deinen Aufenthalt. Von An- bis Abreise wirst du herzlich betreut, dazu gehört auch der morgendliche Plausch im Frühstücksraum.

VON MENSCH ZU MENSCH

In dem von der Lebenshilfe Celle geführten *Hotel Blumlage (32 Zi. | Blumlage 87 | Tel. 05141 97 44 70 | blumlage.com | €€ | Süden | 🕮 g7)* steht der Mensch im Mittelpunkt. Hier wird Inklusion gelebt und als Gast profitierst du von der Vielfalt und den Fähigkeiten, die die Mitarbeitenden, ob mit oder ohne Beeinträchtigung, einbringen. Die Standard- sowie Komfortzimmer sind modern eingerichtet, das Frühstück ist fantastisch und in die

Fürstliche Nachtruhe im Althoff Hotel Fürstenhof Celle

Altstadt läufst du nur wenige Minuten. Fahrräder können ausgeliehen oder die eigenen Räder im Fahrradhäuschen verschlossen abgestellt werden.

CAROLINE MATHILDE

Klingt romantisch, ist romantisch! Das im klassischen Villenstil erbaute *Hotel Caroline Mathilde (Alter Bremer Weg 37 | Tel. 05141 98 07 80 | caroline-mathilde.de | €€€ | Norden | 🕮 b1)* liegt nördlich der Innenstadt, umgeben von einer wunderschönen Grünanlage. Neben den sehr komfortablen Zimmern sorgt der Wellnessbereich mit Pool, Sauna und Beauty-Anwendungen für Erholung nach dem Sightseeing. In der Hotelbar *Kanapé* werden feine Weine sowie kleine Speisen von Flammkuchen bis Käse serviert.

CAMPERGLÜCK

Wenn du gerne dein eigenes Bett mitbringst, bist du auf dem Wohnmobilstellplatz neben dem Celler Badeland *(45 Stellpl. | 77er Str. 36 | Tel. 05141 9 51 93 88 | womo-celle.de | € | Süden | 🕮 K6)* gut aufgehoben. Moderne Stellplätze, saubere Sanitäranlagen, ein 1-a-Brötchenservice, Baden und Minigolf gleich nebenan, 10 Minuten Fußweg in die Altstadt – besser geht's kaum.

AB AUFS LAND

Das perfekte Domizil für Genießer und Naturfreunde befindet sich in Hornborstel bei Wietze: Für das *WildLand Natural Resort (18 Zi. | Dorfstr. 32, Wietze | Tel. 05146 9 89 30 | wildland.de | €€ | 🕮 0)* wurden mitten im Grünen sieben historische Gebäude aus der niedersächsischen Baukultur des 16.–19. Jhs. wieder aufgebaut. Dein Fahrrad ist hier gerne gesehen, gekocht wird frisch, regional und experimentierfreudig. Für erholte Seelen finden u. a. Yoga-Workshops statt.

ERLEBNIS TOUREN

Ob du Celle an nur einem Tag kennenlernst, auf dem Aller-Radweg zu geschichtsträchtigen Orten in der Region radelst oder die schönsten Orte im Naturpark Südheide mit dem Auto und zu Fuß erkundest – die Erlebnistouren machen Lust auf mehr!
Du hast nur wenig Zeit und es gibt einfach zu viel zu sehen? Wenn du nur kurz in der Region zu Besuch bist, helfen dir die Erlebnistouren bei der Urlaubsplanung. Celle ist die Stadt der kurzen Wege und so ist es mit ein wenig Planung tatsächlich möglich, die meisten Sehenswürdigkeiten in der Innenstadt an einem Tag zu besuchen.

Kirchturm mit Aussicht: Stadtkirche St. Marien

Alles schon gesehen? Wie wäre es mit einer Fahrradtour entlang der Aller nach Winsen und Wietze, zur Wiege der Erdölindustrie? Weiter raus in die Südheide geht es mit dem Auto: Nach einem Ortsspaziergang in Müden (Örtze) besuchst du wunderbare Heideflächen, lernst lokale Künstler kennen und erfährst, was es mit der Kieselgur auf sich hat. Du kannst den vorgeschlagenen Routen folgen oder sie als Anregung nutzen, um deine Tour individuell zu planen. Entdeckermodus an und los geht's!

DIE ERLEBNISTOUREN IM ÜBERBLICK

Faßberg
Müden (Örtze) (58)
Von Müden bis müde
3
Südheide
Naturpark
Unterlüß
Hermannsburg (54)
Südheide
Eschede
Staatsforst
Miele
Best of Celle
CELLE
Lachendorf
Allerheide
1
2
Eldingen
Scharnhorst
Beedenbostel
Ahnsbeck
Wietzer Berg 102
Lönsstein
Backeberg
Willighausen
Hausselberg 118
Oberohe
Altensothrieth
Neuenbsoth-rieth
Klosterfors
Wiechel
Weesen
Baven
Luttermühle
Lutterloh
Raakamp
Waldhäuser
Neu Lutterloh
Misselhorn
Beckedorf
Schlüpke
Hiesterhof
Schamebecksmühle
Theerhof
Schröderhof
Schafstall
Oldendorf
Queloh
Bätzloh
Huxahl
Lindhorst
Beutzen
Dehningshof
Severloh
SÜLZE
EVERSEN
Citronenberg 85
Quetzberg
Starkshorn
Marine-siedlung
Rahmoor-horst
Fischteiche
Aschauteiche
Lohe
Dalle
Rebberlah
Heeseloh
Altensalz-koth
Klosterhof Salinenmoor
Gut Hustedt
Arloh
Winterberg 76
Haßlohberg 77
Habighorst
Kragen
Aschenberg 80
Bundes-forschungsanstalt
Am Aschenberg
Habighorster Höhe
Jägerei
HUSTEDT
Siedlung Burghorn
Stuberg 73
Höfer
SCHEUEN
Hornshof
Ohe
Buchholzberg 65
Osterberg
ALVERN
Lüscheberg 63
Luttern
Hohnhorst
GARSSEN
VORWERK
BOSTEL
Gockenholz
Jarnsen
Bunkenbur
ALTENHAGEN
LACHTEHAUSEN
Franz. Garten
WESTER-CELLE
ALTENCELLE
Osterloh
Oppershausen
Allerdreckwiesen
Helmerkam
Burg
Bonnebostel
Klein Ottenhaus
Kloster
Offensen
Schwachhausen
Nordburg
Schmarbeck
Schmarbecker Grube
Gerdehaus
Wald-freibad
Poitzen
Winterhoff
Neuohe
Endeholz
Heese
Marwede
Dalle
191
Lachte
Aschau
Wietze
Örtze
Lutter

❶ BEST OF CELLE

- Schloss und Fachwerk in der Innenstadt
- Heilpflanzengarten, Bieneninstitut und Haesler-Architektur

Start: Altes Rathaus, Celle
Ziel: Thaers Wirtshaus
Strecke: 7 km
Dauer: 1 Tag
Kosten: Residenzmuseum: 8 Euro Erw. (5 Euro erm.); Kirchturmbesteigung: 1 Euro

① Altes Rathaus
② Stechbahn
③ Celler Schloss
④ Kunstmuseum Celle mit Sammlung Robert Simon
⑤ Kalandgasse
⑥ Stadtkirche St. Marien

CELLES KLASSIKERN AUF DER SPUR

Celle an einem Tag erleben? Das geht tatsächlich – nix wie rein in die Siebenmeilenstiefel! Deine Tour beginnt am ① Alten Rathaus ➤ S. 31, dem Opi unter den Bauwerken Celles. Schon seit dem 13. Jh. prägt das eindrucksvolle Gebäude das Stadtbild. Die Tourist Information im Erdgeschoss versorgt dich mit Infomaterial rund um Celle. Anschließend schlenderst du nach rechts über die ② Stechbahn ➤ S. 30, den ehemaligen Turnierplatz der Stadt. Aber keine Angst, heute duelliert sich hier niemand mehr, auch wenn man es bei dem regen Treiben (vor allem an Markttagen) glauben könnte. Halte deinen Blick nach vorne, überquere die Straße und schon stehst du vor dem barocken Wahrzeichen der Stadt, dem ③ Celler Schloss ➤ S. 26. Besuche unbedingt das Residenzmuseum und blicke hinter die Schlosstüren in die fremde und teils ganz schön skurril anmutende Welt der Welfenherzöge. Zurück in der Altstadt passierst du das erste 24-h-Kunstmuseum der Welt! Die wechselnden Outdoorinstallationen des ④ Kunstmuseums Celle mit Sammlung Robert Simon ➤ S. 29 sind wirklich einmalig. Falls du das Museum besuchen möchtest, kannst du den Rest der Tour nach Bedarf abkürzen. Auf dem Weg zurück in den Stadtkern darf die ⑤ Kalandgasse ➤ S. 31 nicht fehlen. Die schmale, urige Gasse führt dich ganz nah an den wunderschönen Fachwerkhäusern vorbei. Direkt daneben ragt die ⑥ Stadtkirche St. Marien ➤ S. 31

hervor. Wenn du Glück hast, erlebst du den Turmbläser – oder du kletterst gleich selbst auf den Kirchturm? Zum Auffüllen der Kraftreserven stärkst du dich anschließend bei einem Stück Kuchen oder Torte im 7 Museumscafé Baxmann. Mit neuer Energie geht es weiter zum 8 Glockenspiel ➤ S. 32, kurz darauf wirfst du einen Blick auf das bekannteste Fachwerkhaus, das 9 Hoppener Haus ➤ S. 32.

7 Museumscafé Baxmann

8 Glockenspiel

9 Hoppener Haus

BIENCHEN, BLÜMCHEN, BAUHAUS

Raus aus der Stadt und rein ins Grüne: Über die Pfennigbrücke überquerst du die Aller und gelangst zum 10 Heilpflanzengarten ➤ S. 34. Ein Ort, an dem auf 7000 m² über 300 verschiedene Heilpflanzen gedeihen, auf die schon Hildegard von Bingen und Sebastian Kneipp schworen. Wieder in Richtung Stadt geht's über die 11 Dammaschwiesen. Das Naherholungsgebiet der Städter eignet sich perfekt, um die Seele bau-

10 Heilpflanzengarten

11 Dammaschwiesen

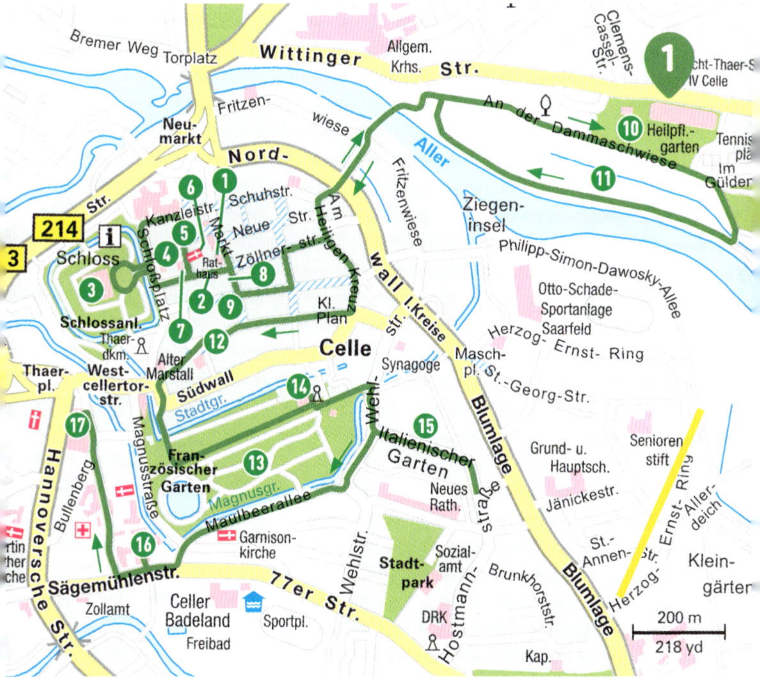

⑫ HUTH'S Kaffee und Feinkost

⑬ Französischer Garten

⑭ Bieneninstitut

⑮ Italienischer Garten

⑯ Rektorenwohnhaus

meln zu lassen. Zurück in der Innenstadt führt dich dein Weg zum Großen Plan, wo du bei ⑫ **HUTH'S Kaffee und Feinkost ➤ S. 60** leckere Mitbringsel erstehen kannst. Der ⑬ **Französische Garten ➤ S. 40** kommt anschließend wie gerufen für ein Päuschen. Setz dich ins weiche Gras und lausche den Vögeln. Hörst du da etwa ein leises Summen? Es könnte von den Bewohnerinnen des ⑭ **Bieneninstituts ➤ S. 40** stammen. Ein Spaziergang im Bienengarten ist ein Genuss für alle Sinne und obendrein auch noch lehrreich. Von einem Garten geht's zum nächsten: Der ⑮ **Italienische Garten ➤ S. 41** ist aber tatsächlich eine Wohnsiedlung! In den 1920er-Jahren bescherte sie Otto Haesler den Durchbruch als Protagonist des Neuen Bauens im Stil des bekannten Bauhauses. Die Wohnungen in den zweigeschossigen Flachdachbauten sind bis heute heiß begehrt. Im Südwesten des Französischen Gartens erreichst du das ⑯ **Rektorenwohnhaus ➤ S. 39**. Parallel zur Altstädter Schule (Glasschule) gleich nebenan entstand auch dieses Bauwerk an Otto Haeslers

Grüne Auszeit im Französischen Garten

Schreibtisch. Anschließend endet dein Rundgang so klassisch, wie es in Celle nur geht: Im ⑰ Thaers Wirtshaus ➤ S. 52 schmecken die typischen Celler Rohen Rouladen besonders gut – du hast sie dir verdient!

⑰ Thaers Wirtshaus

② ALLERLEI AN DER ALLER

- ➤ **Radtour auf dem Aller-Radweg**
- ➤ **Mit Besuch Museumshof Winsen und Deutsches Erdölmuseum Wietze**

Start: Hauptbahnhof Celle
Ziel: Hauptbahnhof Celle
ca. 60 km
1 Tag

Kosten:
Museumshof Winsen: Erw. 5 Euro (ab 13 J. 2 Euro);
Deutsches Erdölmuseum Wietze: Erw. 8 Euro (erm. 4 Euro)

DRAHTESEL AHOI!

Du startest am ① Celler Hauptbahnhof und folgst den Ausschilderungen des Aller-Radwegs ➤ S. 80. Das bunte Aller-Radweg-Logo weist dir den Weg.

① Celler Hauptbahnhof

Stets parallel zur Aller (auch wenn du sie nicht immer siehst) führt dich dein Weg durch Wiesen und Felder. Nach etwa 30 Min. erreichst du das denkmalgeschützte ② Wasserkraftwerk Oldau ➤ S. 80 – das Einzige seiner Art in Norddeutschland, das in seinem ursprünglichen Zustand erhalten geblieben ist. Du folgst dem Aller-Radweg weiter bis nach Winsen, wo du den Weg für einen Abstecher zum ③ Museumshof Winsen ➤ S. 79 verlässt. Im originalgetreuen Ambiente erlebst du, wie sich das Leben auf einem typischen Heidehof im 18./19. Jh. angefühlt haben muss. Nach deinem Besuch bietet sich vor Ort die erste Verpflegungsmöglichkeit in der ④ Kalandstube ➤ S. 79. Im Innenhof genießt du leckeren Kuchen und – mit etwas Glück – warme Sonnenstrahlen. Für den Fall, dass die Kalandstube

② Wasserkraftwerk Oldau

③ Museumshof Winsen

④ Kalandstube

❺ Meißendorfer Teiche

❻ Deutsche Erdölmuseum Wietze

❼ Restaurant La Villa

❶ Celler Hauptbahnhof

nicht geöffnet hat, hält die Bäckerei Vatter (Poststraße 27) ebenfalls Kuchen und Teilchen zur Stärkung bereit. Mit neuer Energie versorgt, radelst du weiter gen Osten. Die wunderbare Teichlandschaft der ❺ **Meißendorfer Teiche** ➤ S. 80 ist Heimat vieler Vögel und Pflanzen. Stell dein Fahrrad beim Parkplatz ab und begib dich auf den ca. einstündigen Rundweg durch das Naturschutzgebiet. Wieder aufgestiegen, geht es zurück zum Aller-Radweg, dieses Mal in Richtung Celle. In Wietze besuchst du das ❻ **Deutsche Erdölmuseum Wietze** ➤ S. 83. Zuerst besichtigst du die Ausstellung, anschließend erkundest du ein stillgelegtes Erdölfeld. Wieder auf dem Aller-Radweg angekommen, trittst du den Rückweg an. Bevor jedoch der Tag zu Ende geht, wartet ein letzter Stopp: Pizza und Pasta im ❼ **Restaurant La Villa** *(Do–So 12–14.30 u. 17.30–21 Uhr | Nienburger Str. 20, Hambühren | dario-lavilla.de)* in Hambühren hast du dir redlich verdient! Danach radelst du entspannt zurück zum Ausgangspunkt am ❶ **Celler Hauptbahnhof**.

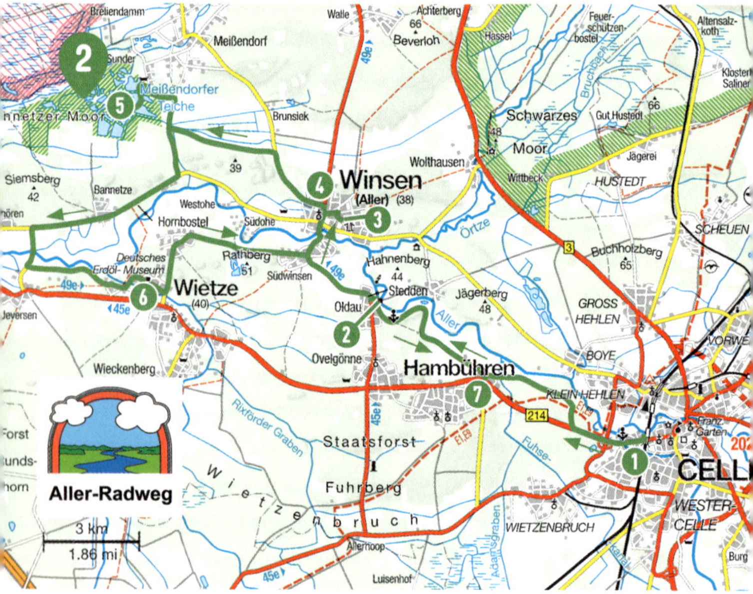

3 VON MÜDEN BIS MÜDE

- Den Naturpark Südheide mit dem Auto und zu Fuß erkunden
- Mitbringsel shoppen und lecker essen

Tourist Information Müden (Örtze)

Landhaus Müden

Fußweg: 6 km (8,5 km mit Heidesee), Auto: 53 km

¾ Tag

Kosten: Eintritt Albert-König-Museum: 3 Euro (bis 16 J.: 1 Euro), zzgl. Kosten für Verpflegung

ORTSSPAZIERGANG ZUR TORTE

Vom Heideort Müden (Örtze) beginnt dein Roadtrip in den Naturpark Südheide. Deine Tour startet am 1 Parkplatz der Tourist Information in Müden (Örtze). Von hier aus folgst du zu Fuß der Beschilderung zum 2 Heidesee ➤ S. 85. Diesen kannst du einmal umrunden (2,5 km) – oder du hältst dich direkt links und biegst bei der nächsten Gelegenheit links ab. Du folgst zunächst der Schulstraße ein kleines Stück und gelangst dann links über den Neubauerweg auf die Hauptstraße. Überquere die Straße nach „schräg links" zur 3 Klostertwiete, einer winzig kleinen Gasse. Hier befindet sich die zum Wohnhaus ausgebaute alte Dorfschule. Ganz am Ende der Twiete erreichst du die Alte Dorfstraße und hältst dich rechts. Du gehst an der Kirche vorbei und nimmst den kleinen Fußweg, der direkt vor dem Müllern Hof nach links abgeht (Kirchtwiete). Nach der Brücke unternimmst du links einen Abstecher zum Zusammenfluss von Wietze und Örtze oder gehst direkt geradeaus zum 4 Wildpark ➤ S. 85. Danach ist Zeit für ein großes Stück Torte sowie eine Tasse Kaffee in der 5 Ole Müllern Schün ➤ S. 86. Danach folgst du der Alten Dorfstraße nach rechts, bis du die Hauptstraße erreichst, und folgst dieser zurück zum 1 Parkplatz. Weiter geht's mit dem Auto!

1 Tourist Information in Müden (Örtze)
2 Heidesee
3 Klostertwiete
4 Wildpark Müden
5 Ole Müllern Schün
1 Parkplatz

Naturgenuss und Wanderspaß in der Oberoher Heide

❻ Angelbecksteich

❼ Treppenspeicher Lutterloh

❽ Albert-König-Museum

❾ Tante Hanna

❿ Landhaus Müden

NATUR PUR: AB DURCH DIE HEIDE

Das erste Ziel deines Roadtrips ist der ❻ **Angelbecksteich** ➤ S. 88. Auf dem 1,4 km langen Rundwanderweg erlebst du die Heide hautnah, bevor du weiterfährst zum ❼ **Treppenspeicher Lutterloh** ➤ S. 89 – hier gibt's Vogelwissen en masse und gratis. Die nächste Autoetappe bringt dich zum ❽ **Albert-König-Museum** ➤ S. 88, wo wechselnde Künstlerinnen und Künstler aus der Region ihre Werke ausstellen. Außerdem bereitet dich eine Ausstellung zum Thema „Kieselgur" auf deinen nächsten Stopp vor: Vom Wanderparkplatz Oberoher Heide führen drei Rundwege über ausgedehnte Heideflächen durch das ehemalige Kieselgur-Abbaugebiet Oberohe. Vielleicht triffst du hier sogar Heidschnucken? Anschließend machst du dich auf den Rückweg nach Müden, wo du bei ❾ **Tante Hanna** ➤ S. 87 kulinarische Mitbringsel aus der Region erstehst. Deinen eigenen Magen besänftigst du in der Bierstube oder im Biergarten des ❿ **Landhauses Müden** *(Hermannsburger Str. 2 | landhaus-mueden.de)*. Hier gibt's leckere rustikale Kost wie Schnitzel oder Strammen Max. Für Vegetarier ist ebenfalls gesorgt.

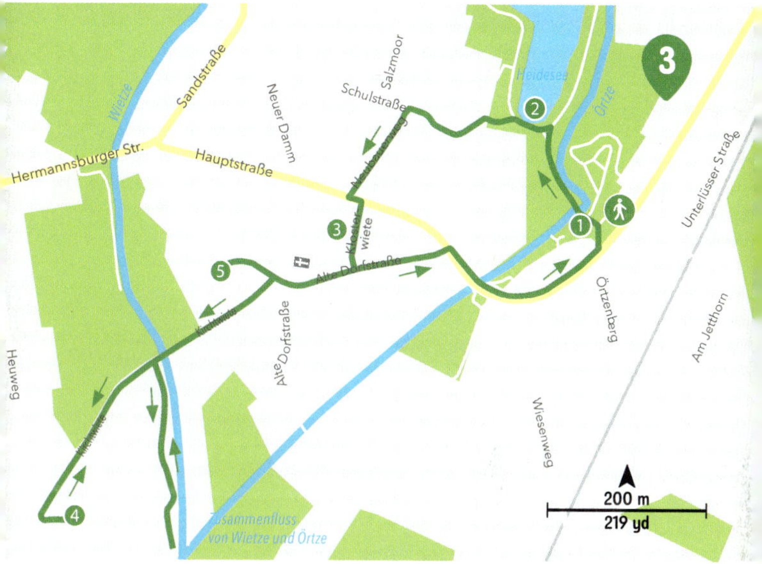
3
Heidesee
Örtze
Wietze
Sandstraße
Hermannsburger Str.
Hauptstraße
Neuer Damm
Salzmoor
Schulstraße
Klosterwiete
Alte Dorfstraße
Unterlüsser Straße
Örtzenberg
Am Jetthorn
Wiesenweg
Heuweg
Zusammenfluss von Wietze und Örtze
200 m
219 yd
1
2
3
4
5

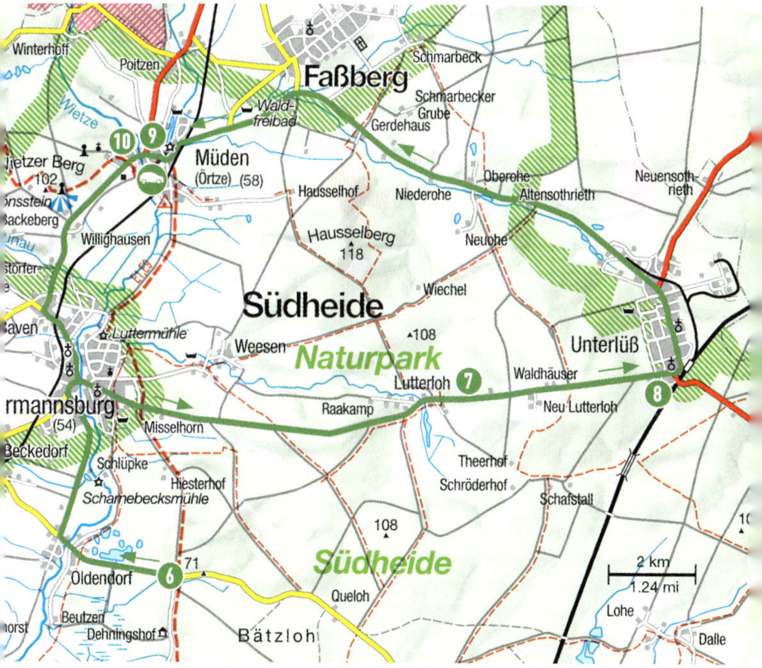
Winterhoff
Poitzen
Faßberg
Schmarbeck
Schmarbecker Grube
Gerdehaus
Waldfreibad
Wietze
Müden (Örtze) (58)
Hausselhof
Niederohe
Oberohe
Altensothrieth
Neuensothrieth
Hausselberg 118
Neuohe
Willighausen
Backeberg
Wiechel
Südheide
Luttermühle
Weesen
Naturpark
108
Unterlüß
Waldhäuser
Lutterloh
Raakamp
Neu Lutterloh
Hermannsburg (54)
Misselhorn
Beckedorf
Schlüpke
Hiesterhof
Schamebecksmühle
Theerhof
Schröderhof
Schafstall
108
Oldendorf
71
Südheide
Queloh
Beutzen
Dehningshof
Bätzloh
Lohe
Dalle
2 km
1.24 mi
6
7
8
9
10

GUT ZU WISSEN

DIE BASICS FÜR DEINEN STÄDTETRIP

ANKOMMEN

ANREISE

(Fast) alle Wege führen nach Celle. Das gilt auch für Autofahrende. Die Stadt liegt knapp 40 km nordöstlich von Hannover und am Autobahnkreuz der A2 und A7. Von den Autobahnen auf die B214, B3, B4 und B191 abgefahren, geht es direkt in Richtung Innenstadt. Die Anreise mit der Bahn erfolgt meist über die Strecke Hannover–Hamburg mittels Intercity- und ICE-Zügen. Am Celler Bahnhof angekommen, fährt im 15-Minuten-Takt ein Bus zum Schlossplatz direkt in die Innenstadt. Wer mit dem Fernbus anreist, kommt am Celler ZOB in der Trüllerstraße an. Der nächste internationale Flughafen befindet sich in Hannover. Flugreisende gelangen von dem etwa 35 Autominuten entfernten Airport mit der Deutschen Bahn/Metronom oder den Celler Taxiunternehmen in die Stadt.

MOBIL SEIN

ÖFFENTLICHE VERKEHRSMITTEL

Um in Celle von A nach B zu kommen, nutzt du deine Füße, das Rad oder den ÖPNV. Mit *CeBus (cebus-celle.de)* ist jedes Ziel erreichbar. Im Stadtverkehr gilt ein einheitlicher Tarif. Unterschieden wird zwischen dem Innenstadthüpfer, der die Strecke Schlossplatz, Thaerplatz, Trift/Landkreisverwaltung, Bahnhofstraße, Bahnhof abdeckt, und dem klassischen Einzelticket. Erwachsene zahlen entsprechend dem ausgewählten Ticket 1,60/2,50 Euro. Kindertickets kosten 0,90/1,50 Euro, Familienkarten 6 Euro. Wer den ganzen Tag mit dem ÖPNV unterwegs sein will, erwirbt die Tageskarte Stadt

Perspektivwechsel: die Landschaft entlang der Aller vom Wasser aus erleben

für 6,70 Euro. Nimmst du das Fahrrad oder den Hund mit, kostet dich das 2,50/1,50 Euro.

ALLERSCHIFFFAHRT

Eine Schifffahrt, die ist lustig, eine Schifffahrt, die muss sein! Von Mitte Mai bis Ende September fährt der *Schifffahrtsbetrieb der M.S. Wappen von Celle (Tel. 05141 94 11 80 | celler-schifffahrt.de)*. Die zauberhafte Fahrt durch die Allerlandschaft von Celle über Boye und Stedden in Richtung Winsen (2. Zone) passiert die Schleuse in Oldau. Wenn der kleine Hunger kommt, gibt's an Bord auch etwas zu essen. Hin- und Rückfahrt kosten 23 (1. Zone) bzw. 28 (2. Zone) Euro. Der Preis für die einfache Wegstrecke liegt bei 15 bzw. 20 Euro. Kinder zahlen für Hin- und Rückfahrt 14 bzw. 18 und bei einfacher Strecke 11 bzw. 13 Euro. Hunde/Fahrrad/E-Bikes dürfen für 5/6/8 Euro mit.

RAD ODER ROLLER?

Von den Schienen direkt aufs Rad umsteigen: Der Förderverein *Bahnhof Celle* ist bisher ca. 200 m vom Bahnhof entfernt provisorisch untergebracht, doch der Umzug in den Nordflügel des Bahnhofs ist schon geplant. Für ein normales Rad zahlst du 10 Euro/Tag, E-Bikes kosten 20 Euro/Tag. Nördlich der Innenstadt liegt der größte Fahrradfachhandel nördlich der Aller: *Fahrradspezialist Viezens (Fahrrad 10, E-Bike 20 Euro/Tag | fahrradspezialist-viezens.de)*. Lust auf was Besonderes? Mit einem schicken Roller von *TretrollerLiebe (15 Euro/Tag | tretrollerliebe.de)* saust du sportlich durch die City. Bewundernde Blicke und ein bisschen Muskelkater sind dir sicher!

TAXI

Taxistände in der Innenstadt findest du am Schlossplatz, Am Heiligen

Kreuz sowie in der Wehlstraße. Eine Fahrt vom Bahnhof zum Schlossplatz kostet etwa 5 Euro. Mit der App *cab-4me* bestellst du dein Taxi ganz entspannt mit dem Handy. *Taxizentrale: 05141 4 44 44*

VOR ORT

AUSKUNFT

Im *Service- und Infocenter* erhältst du neben Informationen über Celle und die Region Celler City Gutscheine, Ce-Bus-Fahrkarten, Reservix-Tickets und Souvenirs. *Mo–Fr 10–17, Sa 9–13 Uhr | Markt 14–16 | Tel. 05141 70 95 11 95 | celle-tourismus.de*

STADTFÜHRUNGEN

Verschiedene Stadtführungen präsentieren die Stadt von ihrer besten Seite. Die klassische öffentliche Stadtführung findet im April und November

Mit dem Nachtwächter unterwegs

jeden Samstag und Sonntag um 11 Uhr statt. Von Mai bis Oktober und ab Eröffnung des Weihnachtsmarktes bis zum 4. Advent und vom 26.12. bis 01.01. startet diese täglich um 11 Uhr *(ohne Anmeldung | 10 Euro/Person)*. Abenteuerlich geht es bei den Erlebnisführungen zu: unterwegs mit der 1. Marktfrau bei Hofe, dem Kommissar auf der Kriminaltour, dem Nachtwächter durch die Celler Altstadt oder dessen Frau bei ihrem Rundgang durch die Innenstadt *(Dauer: 90 bzw. 120 Min. | ab 130 Euro/25 Personen)*. Die Stadt Celle bietet weitere thematische Führungen und geführte Radtouren an. Infos unter: *Tel. 05141 12 41 41 | celle-tourismus.de*.

WAS KOSTET WIE VIEL?

Kaffee	ab 2,50 Euro
Bus	1,60 Euro *Innenstadthüpfer*
Handpizza	4,50 Euro *je Schnitte*
Tretroller	15 Euro/Tag
Celler Rohe Roulade	ab 13 Euro

PARKEN

In der Innenstadt gibt es viele verschiedene Möglichkeiten, Auto, Motorrad etc. abzustellen. Kostenlose Stellplätze finden sich (mit Glück) im Bullenberg, in der Kanonenstraße und am Schützenplatz. Kurzzeitparken ist an folgenden Standorten möglich: auf dem Langensalzaplatz, Maschplatz, Schützenplatz, Bahnhofsplatz, Großer Plan, Kleiner Plan, Markt, Thaerplatz sowie in der Bergstraße, Hafenstraße, Im Kreise, Kanzleistraße, Magnusstraße, Mühlenstraße, Schuhstraße, Stechbahn, Steintor/Nordwall, Südwall und Weißer Wall. Langzeitparkplätze bieten der Herzog-Ernst-Ring, Schützenplatz, die Maulbeerallee, Parkpalette Langensalzaplatz und Maschplatz.

THEATERKARTEN

Theaterkarten für das Schlosstheater mit seinen vier Spielstätten gibt es im Vorverkauf an der Theaterkasse *(Mo–Fr 10–18, Sa 10–13 Uhr | Schuhstr. 46)*, telefonisch *(Tel. 05141 9050875)*, per E-Mail *(karten@schlosstheater-celle.de)* oder online über *schlosstheater-celle.de (Gebühr von 2 Euro/Ticket)*. Weitere Vorverkaufsstellen sind: *Service- und Infocenter (Markt 11–16), Cellesche Zeitung (Bahnhofsstr. 1–3), CD Kaserne (Hannoversche Str. 30 b)* und *Notenkeller (Braunschweiger Heerstr. 7)*. An den Vorverkaufsstellen, außer der Theaterkasse, fällt eine Gebühr von 2 Euro an.

NOTFÄLLE

NOTFALLTELEFONE

Im Falle eines Notfalls helfen die folgenden Nummern weiter: Polizei 110; Feuerwehr/Rettungsdienst 112; Feuerwehr-/Rettungsleitstelle 05141 911911; Ärztlicher Bereitschaftsdienst 116117.

FUNDBÜROS

Geldbeutel verloren oder Teddy gefunden? Das Fundbüro befindet sich im Neuen Rathaus. *Mo–Di 8–16, Mi u. Fr 8–13, Do 8–17 Uhr | Am Französischen Garten 1 | Tel. 05141 123342 | fundbuero@celle.de*

WETTER IN CELLE

Hauptsaison (Juni–Sept.) / Nebensaison (Jan.–Mai, Okt.–Dez.)

	JAN.	FEB.	MÄRZ	APRIL	MAI	JUNI	JULI	AUG.	SEPT.	OKT.	NOV.	DEZ.
Tagestemperaturen	4°	4°	8°	13°	18°	21°	23°	22°	19°	14°	8°	4°
Nachttemperaturen	-2°	-2°	0°	2°	7°	10°	12°	11°	9°	6°	2°	-1°
Sonnenschein Stunden/Tag	1	2	2	6	7	7	6	6	4	3	2	1
Niederschlag Tage/Monat	11	9	10	10	10	11	10	10	9	9	11	12

LESESTOFF & FILMFUTTER

DER SCHWANENHALS

Mit dem Tod eines Mannes beginnt eine rätselhafte Mordserie. Alle Hoffnungen liegen bei Hauptkommissar Robert Mendelski von der Mordkommission Celle. Doch es scheint unmöglich, den Fall zu lösen … Nichts für schwache Nerven!

DAS MÄDCHEN AUS TSELLIS

Ein extremes Wetterereignis lässt Archäologin Marlene im Körper der 19-jährigen Greth aufwachen, Greth aus Tsellis ➤ S. 16 im Jahre 1291! Liebesgeschichte und Geschichtsunterricht in einem!

UNSER LEHRER DR. SPECHT

Dr. Markus Specht ist Lehrer für Deutsch und Geschichte an einem Gymnasium in Celle und erfüllt seinen Bildungsauftrag weit über den Unterrichtsstoff hinaus. Der Klassiker für entspannte Fernsehabende!

STÄDTETOUR: CELLE

Celle mit C, nicht mit Z wie Zitrone! Wigald Boning und Roberto Di Gioia besingen die niedersächsische Stadt auf humorvolle Weise. Das 2:17 Min. lange Spektakel kann kostenlos auf YouTube bestaunt werden. *youtube.com/watch?v=jLuocUPS78U*

PLAYLIST
CELLE & DIE HEIDE

0:58

II HBZ – KING KONG (2021)
Zum Mitgrölen! Dieser Song fehlt auf keiner Schlager-/Malle-Party und den Ohrwurm wirst du so schnell nicht mehr los …

▶ MUTZ & THE BLACKEYED BANDITZ – STARDUST (2022)
Ist es Rock, ist es Country? Mit einem Schuss Metal? In jedem Fall eine gute Combo!

▶ LANDGESTÜT CELLE – DER PODCAST
Was sind die Aufgaben eines Landgestüts? Wer sind die Menschen dahinter? Hier gibt's einen exklusiven Blick hinter die Kulissen. *landgestuet celle.de/de/podcast/*

▶ PODCAST – HEIDE GEFLÜSTER
In der Heide ist der Hund begraben? Dieser Podcast zeigt, wie schräg es auf dem Land zugehen kann. Interessante Menschen und spannende Geschichten aus der Lüneburger Heide. Knackige 30 Minuten dauert eine Folge und du wirst keine einzige bereuen!

AB INS NETZ

CELLE TOURISMUS
Offizielle Celle-Experten informieren über Veranstaltungen und Highlights und machen Lust auf mehr Celle. Mit der Webcam bist du sogar live dabei, auch wenn du (noch) nicht vor Ort bist. *celle-tourismus.de*

HEIDE KOCHT
Mhmm,, schmeckt das gut, wenn *„HEIDE kocht"* – eine mehrteilige Serie über Spezialitäten und Zutaten aus der Lüneburger Heide. Danach hast du Lust, selbst den Kochlöffel zu schwingen. *lueneburger-heide.de*

ABOUTCITIES
Auf Haeslers Spuren, Insta-Spots, Celle für Familien, Lieblingsplätze etc. Verschiedene Autoren verfassen Blogeinträge zu abwechslungsreichen Themen rund um die Städte Niedersachsens. *aboutcities.de*

REGION CELLE
In Celle, um Celle und um Celle herum. Ob Radfahren, Wandern, Stadtgeschichte, Ausflugsziele oder aktuelle Veranstaltungstipps. Für aktuelle Infos aus der Region bitte hier entlang: *region-celle.de*

TRAVEL PURSUIT

DAS MARCO POLO URLAUBSQUIZ

Hast du verstanden, wie Celle tickt? Teste hier dein Wissen! Es geht um harte Fakten und um die kleinen Dinge, die die Stadt so besonders machen. Die Lösungen findest du in der Fußzeile und ganz ausführlich auf den Seiten 14–21.

❶ Welcher Herzog schwor, nie zu heiraten, und tat es dann doch?

a) Ernst August
b) Georg Wilhelm
c) Otto II.

❷ Welche deftige Spezialität erfreut den Gaumen in Celle ganz besonders?

a) Salzige Semmel
b) Fettige Fritten
c) Rohe Roulade

❸ Wie viele Fachwerkhäuser stehen in Celle (ungefähr)?

a) 530
b) 480
c) 720

❹ Welcher Ort wird auch „Klein-Texas" genannt?

a) Wietze
b) Müden (Örtze)
c) Winsen

❺ Wie heißt eine der berühmten Siedlungen des Architekten Otto Haesler?

a) Französische Allee
b) Englisches Quartier
c) Italienischer Garten

❻ Was wollten die Celler (der unwahren Anekdote nach) lieber als eine Universität?

a) Zuchthaus
b) Schwimmbad
c) Bürstenfabrik

Virtual-Reality-Stadtführung.

Von Anfang bis Ende der Residenzstadt Celle.

Spannende Geschichten von mittelalterlichen Lebenswelten und Kapiteln der welfischen Residenzstadt bis zu dynastischen Verwirrungen im Zeitalter des Barock.

www.celle-fuehrungen.de

REGISTER

LOB ODER KRITIK? WIR FREUEN UNS AUF DEINE NACHRICHT!

Trotz gründlicher Recherche schleichen sich manchmal Fehler ein. Wir hoffen, du hast Verständnis, dass der Verlag dafür keine Haftung übernehmen kann.

MARCO POLO Redaktion • MAIRDUMONT • Postfach 31 51
73751 Ostfildern • info@marcopolo.de

Impressum
Titelbild: Fachwerk, Stechbahn (stock.adobe.com: Sina Ettmer)
Fotos: istockphoto.com: cinoby (Klappe vorne außen, Klappe vorne innen, 1); Celle Tourismus der Stadt Celle (2/3, 9, 14/15, 22/23, 27, 33, 34, 42, 44/45, 59, 60/61, 72/73, 81, 92/93, 104, 110/111, 112, 114/115), Celle Tourismus der Stadt Celle: Bierakademie (11), Dominik Ketz (90/91); mauritius-images.com: Schoening/imageBROKER (4, 69), Torsten Krüger (6/7, 116), MacRein (12/13), Klaus Neuner (20, 36, 98/99), Ingo Wandmacher (30, 41); Hotel Celler Tor (8); Celler-Kartbahn Burnout/Andi Sommer (10); stock.adobe.com: Martina Berg (19), Sina Ettmer (76/77), Composer (89); Café ROAD TO ALOHA/Egidius Braun (49); Althoff Hotel Fürstenhof Celle (52, 96/97); Jan Rasmus Lippels (54/55); CJ Brüschke (63); ELEGANZ DANCE im Stadtpalais Celle (64/65); Marie Liebig (70); WHV (78); Maike Simon (82); Wildpark Müden GmbH (85); Christian Wyrwa (86); Nicole Mihelic Photography (94/95); Dominik Ketz (108)

1. Auflage 2023

Projektmanagement: MAIRDUMONT Business Solutions, Marco-Polo-Straße 1, 73760 Ostfildern, Tel. 0711/4502-0, Mail: b2b@mairdumont.com, b2b.mairdumont.com, www.mairdumont.com
Autorin: Marlen Schneider
Redaktion: Petra Lindner
Bildredaktion: GSD-Grafik, Stuttgart
Kartografie: © MAIRDUMONT, Ostfildern (S. 100–101, 103, 106, 109 u., Umschlag außen, Faltkarte); © MAIRDUMONT, Ostfildern, unter Verwendung von Kartendaten von OpenStreetMap, Lizenz CC-BY-SA 2.0 (S. 24–25, 28–29, 34–35, 38–39, 46–47, 56–57, 66–67, 74–75, 109 o.)
Als touristischer Verlag stellen wir bei den Karten nur den De-facto-Stand dar. Dieser kann von der völkerrechtlichen Lage abweichen und ist völlig wertungsfrei.
Gestaltung Cover und Umschlag: bilekjaeger_Kreativagentur mit Zukunftswerkstatt, Stuttgart; Gestaltung Innenlayout: Langenstein Communication GmbH, Ludwigsburg
Konzept Coverlines: Jutta Metzler, bessere-texte.de

Printed in Poland

MIX
Papier | Fördert gute Waldnutzung
FSC® C018236

MARCO POLO AUTORIN
MARLEN SCHNEIDER
Sie liebt das Reisen so sehr, dass sie es sogar studiert hat – als erfahrene Reiseführer-Autorin ist Marlen Schneider immer auf der Suche nach unentdeckten Orten und besonderen Erlebnissen. Für diesen Band aß sie jede Menge Baumkuchen, stieg auf den Turm der Stadtkirche, probierte tapfer den *Alten Provisor* und stellte sich mit 500 Heidschnucken gegen einen Wintersturm. Voller Einsatz für Celle!

BLOSS NICHT!

FETTNÄPFCHEN UND REINFÄLLE VERMEIDEN

IM WEINKELLER OHNE RESERVIERUNG AUFTAUCHEN

Im kleinsten Keller findet sich ein Plätzchen? Hier kann es dir passieren, dass du wieder nach Hause geschickt wirst. Vorher anmelden und einen entspannten Abend genießen!

108ER UNTERSCHÄTZEN

Wer die Schnapsmischung mit 50 % (Heidegeist) oder 58 % (Ratzeputz) Alkoholgehalt probiert, sollte einen noch einen einigermaßen klaren Kopf mitbringen. So manch einer sah danach schon bunte Heidschnucken Samba tanzen …

NUTRIAS NIEDLICH FINDEN

Die Nutriafamilie im Schlosspark ist ein beliebtes Fotomotiv. Da sich die Sumpfbiber sehr schnell vermehren, bedrohen sie aber leider die einheimischen Tiere und Pflanzen im Schlosspark. Heimlich niedlich finden ist o. k.

MIT ROHER ROULADE IM MAGEN ZUM DATE

So lecker die Celler Spezialität auch ist – wenn die Mission nicht gerade „Abschreckung" lautet oder entsprechende Präferenzen bekannt sind, solltest du auf den Verzehr vor wichtigen Terminen verzichten. Zwiebelalarm!

CELLER MIT CELLENSERN VERWECHSELN

Der kleine, aber sehr wichtige Unterschied: Der Cellenser oder die Cellenserin wurde in Celle geboren. Celler wohnen hier nur und haben keine Chance auf den Titel.